A FORÇA DA
COMUNICAÇÃO
CORPORATIVA

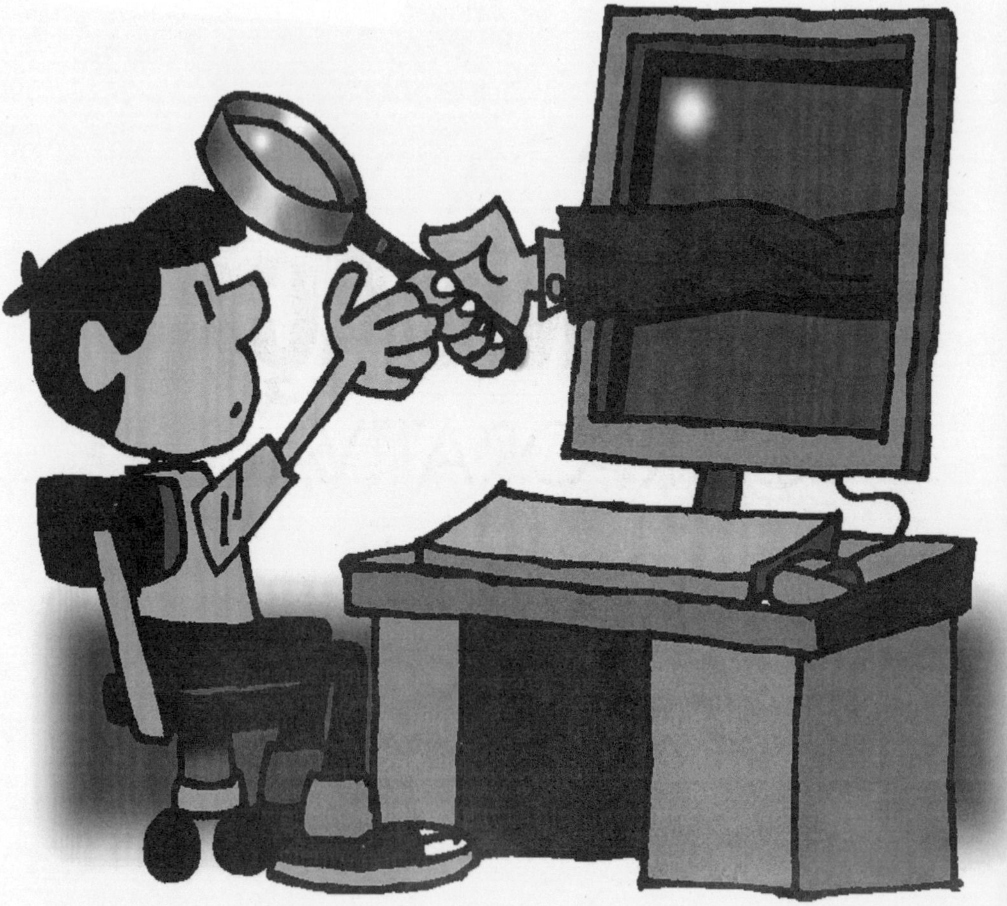

Rivaldo Chinem

A FORÇA DA
COMUNICAÇÃO
CORPORATIVA

Lafonte

2020 - Brasil

Copyright © Editora Escala Ltda. 2008
Copyright © Editora Lafonte. 2020

ISBN 978-65-86096-12-5

Todos os direitos reservados. Nenhuma parte deste livro pode ser reproduzida por quaisquer meios existentes sem autorização por escrito dos editores e detentores dos direitos.

EDIÇÃO BRASILEIRA

Diretor editorial	Sandro Aloísio
Autor	Rivaldo Chinem
Ilustrações	Novaes
Produção gráfica	Robson Ramiro do Amarante
Coordenação editorial	Franco de Rosa
Coordenação de arte	Daniel de Rosa
Diagramação e Projeto Gráfico	Patricia Gomieri
Revisão	Suely Furukawa

Dados Internacionais de Catalogação na Publicação (CIP)
(Câmara Brasileira do Livro, SP, Brasil)

```
Chinem, Rivaldo
   A força da comunicação corporativa / Rivaldo
Chinem. -- São Paulo : Lafonte, 2020.

   ISBN 978-65-86096-12-5

   1. Comunicação nas organizações I. Título.

20-34852                                    CDD-658.45
```

Índices para catálogo sistemático:

1. Comunicação nas organizações : Administração de
      empresas   658.45

Cibele Maria Dias - Bibliotecária - CRB-8/9427

EDITORA LAFONTE

Av. Profa Ida Kolb, 551, Casa Verde,
CEP 02518-000, São Paulo-SP, Brasil - Tel.: (+55) 11 3855-2100.
Atendimento ao leitor (+55) 11 3855- 2216 / 11 - 3855 - 2213 - atendimento@editoralafonte.com.br
Venda de livros avulsos (+55) 11 3855- 2216 - vendas@editoralafonte.com.br
Venda de livros no atacado (+55) 11 3855-2275 - atacado@escala.com.br

À Paula de Carvalho Chinem

Prefácio

De Pernas pro ar

Heródoto Barbeiro

O velho entrou exultante na sua pequena oficina e declarou em alto e bom som que os copistas tinham perdido o emprego. Segurava um maço de papéis impressos em uma velha máquina de espremer laranja e dizia que nunca mais ninguém iria perder tempos lendo as velhas iluminuras medievais escritas em latim. Agora era tudo impresso em bom alemão. O grande domo da Mainz anunciou a invenção, por Gutenberg da impressora, a responsável pela divulgação do conhecimento. A revolução mais importante para a difusão da cultura e da educação desde o desenvolvimento do alfabeto pelos fenícios, uns 2 mil e 500 anos antes de Cristo. O momento que a comunicação vive hoje é muito parecido. As mídias tradicionais estão morrendo e sendo substituídas pelas novas mídias, que cavalgam nos *bits* e *bytes* dos computadores e correm nas estradas abertas pela *web*. Nada mais é igual na comunicação desde a popularização da Internet e as corporações precisam entender isso se quiserem manter uma conexão como os seus diversos *stakeholder*.

Não é mais suficiente que os departamentos de comunicações se restrinjam a enviar *releases*, impressos em papel ou *bits*, divulgar comunicados e convites. No novo mundo é preciso muito mais. O ambiente virtual, que era uma ferramenta complementar da comunicação corporativa, passou a ser a sala principal, uma vez que os jornalistas não querem mais apenas marcar entrevistas, pretendem usufruir das informações mais recentes e ter a oportunidade da interatividade para que possam enriquecer suas reportagens, seja em que mídia for. A comunicação, para ser eficiente e atual vai precisar de mais investimen-

Prefácio

tos em tecnologia do que muitas empresas estariam dispostas a fazer. No entanto, o campo da divulgação exige muito mais e por isso requer mais recursos. Mesmo empresas que eram *low profile* não podem mais se esconder de seus acionistas colaboradores, fornecedores, clientes e da opinião pública em geral ainda que não faça negócios com boa parte dela. A nova comunicação está focada em reforçar a credibilidade e admiração da marca e, neste cenário, ela tem cada vez mais importância.

As mídias sociais como *blogs, sites, Twitter, Orkut, Facebook* e outras, deixaram de ser modismo e já são importantes canais de comunicação que não podem ser desprezados. Comunidades podem contribuir para melhorar, ou piorar, a credibilidade da marca e dela podem participar inclusive colaboradores da empresa. Para o bem e para o mal. As crises podem tanto ser criadas no ambiente cibernético como fora dele e ganhar dimensão com a chegada na Internet. Isto vai exigir das empresas uma quantidade maior de pessoas para acompanhar e poder retificar as notícias incorretas ou contestar as erradas. É bom lembrar que a velha mídia tinha hora de fechamento, os assessores corriam para conseguir uma declaração e enviar para o veículo impresso em tinta e papel. O *dead line* era um dos tormentos das assessorias de imprensa. Hoje, a nova mídia está aberta 24 horas, inclusive sábados, domingos, feriados e dias santos.

Se Gutenberg estivesse vivo certamente estaria gritando que a velha mídia morreu e daria um "viva" à nova mídia. O experiente jornalista Rivaldo Chinem tem competência e conhecimento para conduzir os gestores de comunicação corporativa pelos caminhos das mudanças no mundo globalizado, e este livro é um manual imprescindível.

Heródoto Barbeiro é escritor e jornalista

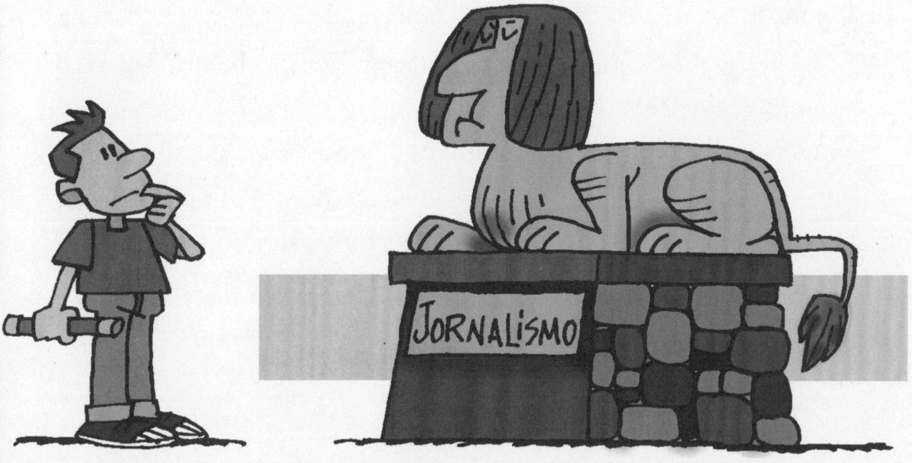
JORNALISMO

1 Liberdade de imprensa

Alguém deve ter falado, outros repetem e, por muitos e muitos séculos propagou-se a ideia de que havia liberdade de imprensa neste planeta. Alunos de comunicação, de administração de empresas e de turismo perguntaram o que penso a respeito. Fui a Poços de Caldas, sul de Minas, por indicação do colega Marcos Cripa, e a plateia quis saber o que achava a respeito.

Comecei explicando que liberdade de imprensa era uma invenção que tinha um objetivo: desmoralizar a ideia de que um dia, quem sabe, possa haver a forma livre de o homem se expressar. Porque por meio da imprensa não há liberdade, a não ser a expressão dos donos dos meios de comunicação, eles sim, podem dizer as coisas do jeito que quiser.

Mas a liberdade é algo tão simples assim? Não. Mesmo porque os donos dos meios de comunicação são pessoas da iniciativa privada, só que prestam um serviço público. Informação não é uma mercadoria qualquer. Ela tem valores. Não pode ser desprezada nem vista como um estorvo. A sociedade tem de zelar pelo que é dela.

O homem necessita tanto do pão quanto da liberdade. Não há o que dividir. Quando se fala em liberdade não existe meia liberdade ou o que se repete em salas de aula, em que se evoca a liberdade com responsabilidade. Isso acontece porque o professor não tem coragem de pensar com liberdade. Fica arrumando adjetivos como se isso pudesse explicar todos os conceitos. Ao mesmo tempo ele dá a falsa impressão de que questiona o que é fundamental para o ser humano. Pessoas assim nunca vão fundo.

Uma vez o líder cubano Fidel Castro, que os jornais insistem em chamar de ditador mesmo já não estando mais no poder que passou ao irmão Raul, ao ser questionado do por que em sua ilha não haver liberdade de imprensa, ele respondeu: "Não me venha com eufemismo pequeno-burguês".

Liberdade de imprensa ou dos donos dos meios de comunicação? – essa é a questão. O resto é tudo um monte de argumentos que tentam fazer as pessoas acreditarem que podemos viver em um mundo melhor – na verdade um indicativo de que por aqui a coisa está brava.

Melhoramos com o tempo? Não sei, tenho minhas dúvidas. Vejam o que acontece hoje. Podem questionar os donos do poder, pode-se ir fundo em algumas investigações, o que não dá é jornalista acreditar que ele é responsável pela prisão de alguns bandidos denunciados nos jornais através de dossiês que chegam às redações aos montes, todos os dias. Não se sabe quem manda esse material nem com que objetivo.

Jornalista tem uma propensão a acreditar que é um herói, capaz de feitos extraordinários, épicos, que está acima do bem e do mal, quando na verdade só faz o que o lhe mandam fazer, ou seja, ele cumpre uma pauta. E se cumprir bem essa tarefa já não faz mais do que obrigação que tem pelos seus prezados leitores.

JORNALISTA TEM UMA PROPENSÃO A ACREDITAR QUE É UM HERÓI, CAPAZ DE FEITOS EXTRAORDINÁRIOS...

2 Vazamentos

É próprio dos jovens quererem mudar o mundo. Só que a pressa leva a alguns tropeções. Em faculdades de comunicação o debate sempre esquenta quando o assunto é assessoria. Todo mundo quer se formar e ir direto para uma redação de jornal. Nada mais apropriado, afinal eles estão ali justamente para isso, não buscam apenas um diploma.

Os debates começam e a maioria admite, logo de cara, não conhecer bem esse ramo da profissão. Há uma barreira que separa jornalistas de redação dos colegas que estão em assessorias de comunicação, no jargão chamado de "o outro lado do balcão". Um dos argumentos que se apresentam é que em assessoria ninguém é jornalista. "Você não informa, mas vende um produto, e a meu ver isso é publicidade" é a acusação mais comum.

Pelo menos para mim a resposta é fácil. Digo que a venda de um produto requer muita habilidade e não é exatamente o que acontece com algo intangível, a notícia. Isso porque ela não é um produto a venda. Quanto custa exatamente uma notícia em jornal? Ela é produto de mídia espontânea. Não tem preço.

Outro argumento que se usa quando acusam os funcionários de assessoria de não pertencerem mais à categoria profissional dos jornalistas é que uma informação contrária à empresa nunca é passada por assessores. De fato, o profissional preserva alguns dados, exatamente como ele faria se estivesse a serviço de uma redação de jornal. Quantos jornalistas ficam sabendo de informações acerca da empresa de comunicação em que trabalham e nunca, mas nunca mesmo sonham sequer em divulgar essas informações ultrassigilosas. Justamente por serem bem-informados. Quantos jornalistas que fizeram nome não sabiam o que acontecia de errado no império de suas poderosas redações? Eles revelaram, vazaram alguma informação ou simplesmente a sonegaram para o grande público?

Sigilo profissional não é exclusivo de jornalistas. Todos têm de preservar informações sigilosas, é próprio da conduta de todo profissional, em qualquer ramo de atividade. Há inúmeras controvérsias envolvendo psicólogos, advogados, psiquiatras e médicos acerca de dados confidenciais de seus pacientes, e eles não revelam nem na Justiça. A violação de segredo profissional é crime. Há legislação federal que pune com prisão que chega a quatro anos, dependendo da gravidade.

Pode-se acusar o profissional de assessoria do mundo corporativo de tudo, mas não o desqualifique simplesmente porque ele não vai falando para todo mundo coisas a respeito da empresa em que trabalha. Neste caso, ao preservar dados e informações, ele está muito mais do que certo e, ao invés de ir para o pelourinho como querem alguns, ele deveria prosseguir em paz em sua rotina que, convenhamos, não é fácil.

3 Consultas pagas

Pessoal da área de comunicação dá consulta, a exemplo dos médicos e advogados? Esta pergunta tem sido feita por vários donos de assessorias de comunicação. Antes mesmo de apresentar um plano de comunicação há vários encontros com o possível cliente. Faz-se inicialmente uma espécie de consulta clínica, afinal somos como outra categoria de profissionais, os bombeiros, somos chamados apenas, ou principalmente, em casos graves, em situações de crise.

A cobrança da primeira visita aos advogados é coisa recente, uma conquista desses profissionais. A exemplo dos colegas médicos, agora eles podem cobrar pela consulta. Antes eram procurados, ouviam o possível cliente por horas a fio e, no final, ganhava apenas um "muito obrigado" e mais nada. Agora é diferente. Se alguém quiser encontrar um advogado tem de pagar uma consulta, com tabela estipulada pela OAB.

Em nosso caso, conversar com alguém não significa que a conta será fechada. A apresentação de um plano de comunicação não garante o trabalho. Tem empresas que não sabem exatamente aonde querem chegar e, uma das soluções encontradas, é sempre a de procurar uma assessoria e tentar, com ela, encontrar uma resposta adequada para seus maiores problemas. Há sempre uma esperança de se abocanhar a conta.

Fui procurado por uma senhora muito gentil que pretendia resolver o problema de comunicação de seu marido, um médico renomado na área de cirurgia plástica, mas que nunca havia dado entrevista.

Um dia o médico marcou um encontro em seu consultório, chegou com quase duas horas de atraso. Pediu desculpas, atendeu uma cliente e chegou a minha vez. Conversamos e ouvi mais do que falei. Ele queria não só uma, mas várias soluções para o grave problema da falta de comunicação. Foi então que chegou a minha vez de explicar o que fazer. Desenhei alguns cenários e como ele entraria neste complexo mundo midiático.

Na hora da despedida ele falou que eu poderia apresentar uma nota fiscal para sua secretária. Entendia que eu lhe dera uma espécie de consulta a domicílio, e que seria justo apresentar a conta. Ingenuamente disse que essa não era a minha prática, que eu aguardava sua resposta o prosseguimento, quem sabe, ou o início dos trabalhos.

Nunca mais nos falamos. Tentei, é verdade, alguns contatos só que a desculpa era a de que ele estava viajando, que retornaria mais tarde as ligações, o que ele nunca mais fez. Nem mesmo respondeu aos e-mails.

Hoje penso que deveria ter mandado uma nota fiscal pelo trabalho realizado que demandou algumas horas. A consulta deveria ter sido cobrada. Nada mais justo.

4 Crítica da mídia nas escolas

A mídia deveria ser uma disciplina obrigatória nas escolas, desde o primeiro grau. O aluno deveria estudar os meios de comunicação e aprender crítica da mídia desde cedo. O jornalista Mario Vitor Santos, primeiro ombudsman de um portal na web, o IG, foi quem fez esta observação ao ser entrevistado por Carlos Castilho do Observatório da Imprensa.

Inicialmente, foi citada uma ideia do professor Jay Rosen, diretor da escola de jornalismo da Universidade de Nova York, que acredita que o ombudsman deveria se preocupar mais em ensinar a pensar como usar a informação no ambiente online, já que a maioria dos internautas é muito inexperiente em matéria de manejo da notícia.

Mario Vitor Santos foi além: disse que o aluno deveria saber identificar agendas, ver os interesses por trás das notícias e sua manipulação. Muitas vezes os leitores não estão nem conscientes do valor da informação de que faz parte das obrigações de um portal sério, que é produzir e divulgar informação de qualidade, ou seja, relevante, confirmada, dando voz a todos os envolvidos.

Ao obter o título de o primeiro ombudsman do mundo de um site de notícias exclusivamente online, Mario Vitor Santos crê estar abrindo espaço de discussão onde, a rigor, ela é mais que necessária, na internet. Ela é importante demais para que não haja questionamentos cada vez maiores sobre a qualidade do que é distribuído. Melhor que um veículo tome a iniciativa, antes que isso venha a ser feito de outra maneira, ou seja, pelo descrédito dos usuários ou pela ação de autoridades, como vem acontecendo em alguns casos.

Para o ouvidor do IG, o trabalho de checagem das informações tem de ser maior ainda na rede do que em outros meios impressos ou radiofônicos, por exemplo. Isso só vai aumentar a credibilidade, se a qualidade for maior. Se o leitor acreditar que o que está lendo naquele portal foi submetido a padrões mais altos de exigência jornalística e ética, que não se colocam no ar qualquer coisa, o trabalho, sem dúvida, será maior.

Um portal é sempre variado, traz muita informação. Os leitores online são mais interativos do que os leitores de jornais. Há uma demanda muito mais imediata. O que falta ao IG? Para seu ombudsman, falta arriscar um outro olhar, com mais critérios éticos. Porque nesse terreno, conclui o ouvidor, o IG em geral, se iguala a outros veículos.

O ALUNO DEVERIA ESTUDAR OS MEIOS DE COMUNICAÇÃO E APRENDER CRÍTICA DAS MÍDIAS DESDE CEDO.

5 Direito à memória e à verdade

O livro "Direito à memória e à verdade", de responsabilidade da Comissão Especial sobre Mortos e Desaparecidos Políticos foi lançado na Secretaria Especial de Direitos Humanos da Presidência da República. Tem 500 páginas, uma tiragem de 3.560 exemplares e foi despachado para ONGs, bibliotecas públicas e órgãos oficiais. Trata-se do primeiro documento oficial do governo que assume como verdade histórica a versão de que a repressão política decapitou, esquartejou, estuprou, torturou e ocultou cadáveres de opositores da ditadura que se instalou por aqui no período 1964-1985.

Chefes das três forças armadas – Exército, Marinha e Aeronáutica – não compareceram ao evento. Avaliaram que o livro é extemporâneo e não tem nenhuma novidade em relação a tudo o que vem há anos sendo publicado sobre os chamados "anos de chumbo". O principal responsável pelo trabalho que, um ano depois ganhou outras expressões de comunicação, como uma exposição visual em museu, é o secretário dos Direitos Humanos da Presidência, Paulo Vanucchi, ex-militante da Aliança Libertadora Nacional, ALN, uma das organizações da luta armada no final dos anos 1960 e no início de 1970. Seu irmão Alexandre, estudante da USP, foi morto na tortura. Tanto Paulo como outros autores do livro, acham que o capítulo da Lei de Anistia, de 1979, que estendeu o benefício aos agentes da repressão, é ainda hoje questionado por setores jurídicos do país. Fez, tem que pagar.

Alguns filmes que passam nos cinemas tentam reabilitar os anos de chumbo. Glauber Rocha com seu "Cabeças cortadas" mostrava o triste fim dos cangaceiros, que tiveram suas cabeças expostas a público depois de receberem camadas de sal grosso. Imaginem o susto que os militares que comandam suas tropas levariam se assistissem reencenações históricas que alguns países fazem desde a Antiguidade. Não que eles sejam responsáveis pelas torturas e mortes, provavelmente são de outra geração, talvez não tenham manchado suas mãos de sangue.

Reencenações históricas ainda não decolaram como hobby por aqui. Mas em alguns países as pessoas chegam a viajar para participar de várias batalhas durante o ano. Por aqui reencenações costumam ser ligadas apenas a temas religiosos, como a Paixão de Cristo em Nova Jerusalém, no sertão pernambucano, ou a datas cívicas, com patrocínio oficial e uma mescla de atores profissionais e amadores.

Esse tipo de viagem ao túnel do tempo facilita a compreensão da História. Também contribui para tornar fatos mais populares ainda. Imagina ver Jesus Cristo, Tiradentes, Aleijadinho desfilando à nossa frente. E torturadores como o sádico delegado Sérgio Paranhos Fleury atormentando um ingênuo frei Tito de Alencar Lima e demais religiosos apavorados diante do demônio em pessoa alimentando o fogo do inferno.

Temos, sim, direito à memória e à verdade.

6 Estudantes de jornalismo

Vasculhar a mentalidade dos futuros jornalistas foi a pauta de Marcos Zibordi de Caros Amigos. Ele foi ao 9º. Congresso Brasileiro de Estudantes de Comunicação Social que reuniu o Brasil inteiro. E ouviu frases interessantes.

"Imparcialidade não existe, apesar de você ter pessoas mais sensatas que as outras".

"A maioria entra e sai do curso querendo ser âncora da Globo. A ideia de ser âncora da Globo ultrapassa aquela ideia de ser um jornalista bem-sucedido".

"Para mim, conhecer a comunicação acabou materializando muito mais a vontade de atuar e interferir na realidade. Comecei a entender a comunicação como forma de disputa de hegemonia, espaço".

"Os alunos não são pesquisadores, são jovens empresários".

"Para os colegas, falta um pouco mais de conhecimento de vida, andar pela cidade, conhecer bairros, pessoas. Na hora de fazer uma reportagem, é um olhar mais humano, mais crítico sobre aquela situação. Se o cara não teve vida, não vai saber expressar de maneira correta. Falta sair da coisa certinha dos pais, da escola para casa. Falta vivência, conhecimento livresco eles têm".

Além de colher estes depoimentos o repórter conversou com Rodolfo Viana, formando pela USP. Difícil de engolir são os convênios com instituições que ministram disciplinas optativas. A Folha de S. Paulo é responsável por uma. A Editora Abril por outra. Semanalmente, seus profissionais contam experiências, relatam casos e distribuem brindes. "É uma propaganda, uma louvação, é quase um treinamento", observou.

Material experimental produzido por alunos da Universidade Federal de Minas Gerais não pode ser publicado. Um texto metafórico sobre o reinado de Aécio Neves, "O Império do Pó" de Leonardo Fortes foi censurado. O mesmo aconteceu em Maranhão quando um aluno questionou a aplicação de recursos destinados à instituição, que resultou inclusive em afastamento de uma professora.

A aluna Juliana Oshima Franco, da Universidade Estadual Paulista (Unesp) teve seu texto cortado porque ela simplesmente questionou o ensino público. O pior é que ela viu os colegas divididos e foi "aconselhada" a se comportar de outra forma, não questionando mais, pois nem formada era. Um professor disse que ela sonhava com um modelo impraticável de jornalismo.

Assim caminha a humanidade, ou melhor, os estudantes de jornalismo.

7 Campo de batalha

O sonho de Débora sempre foi cobrir uma guerra. Desde pequena manifestou este desejo, para horror de sua mãe. Entrou na faculdade, arrumou estágio em assessoria de empresa governamental e tentou uma vaga em um curso da Oboré, no programa "repórter aqui e agora versão correspondente de guerra", mas não passou. Perdeu a oportunidade de testemunhar, ao vivo, uma simulação de guerra feita pelo Exército. Certa vez também tentou se alistar como voluntária das Forças Armadas, foi barrada porque tem pouca altura. É linda, tem olhos marcantes, sorriso encantador, cabelos pretos longos, traços de origem árabe, mas disfarça o tamanho usando sapato com plataforma.

Sempre atenta a realizar seu sonho, ela procurou na literatura algo que a levasse, ainda que indiretamente, ao campo de batalha. Os colegas jornalistas José Hamilton Ribeiro, José Arbex Jr., Marcos Losekan e William Waak ao escrever livros têm dado suas contribuições, o último, inclusive, disse em palestra estranhar que haja tanto interesse pelo assunto porque entende que o repórter tem de viver e trabalhar em outro palco que não o da guerra.

Na faculdade que cursa à noite, a estudante tem feito algum trabalho com moradores de periferia. Funciona assim: a equipe entrevista um grupo de moradores, fala de suas rotinas, conta onde e como eles vivem e editam os jornais temáticos. Depois, o grupo volta e mostra o resultado do trabalho impresso e discute novamente com esses moradores para avaliar se foram fiéis e reproduziram direitinho o que eles falaram. É um trabalho com fundo social, mas não deixa também de ser um pouco do que a moça tanto persegue em seu ideal. Isso porque morar em bairro periférico de São Paulo tornou-se um feito épico. Os moradores vivem como se tivessem em guerra. Tudo é incerto. Não se sabe o que vai acontecer hoje, muito menos no dia de amanhã. Tem que se viver como se hoje fosse o último dia.

A vida da estudante também não é fácil. Mora na Vila Matilde, estuda em São Miguel Paulista, trabalha o dia inteiro no centro da cidade, em meio a trombadinhas, bêbados, ladrões e catadores de papel e se desloca em várias conduções sempre cheias e que surgem em horas incertas. Tem de sair correndo de um local para outro, principalmente depois da faculdade, quando os ônibus da zona leste são bem mais escassos, à medida que o tempo avança.

A ideia de virar correspondente de guerra não me comove. Penso que todo repórter tem de cultivar fontes e melhor seria se ele investisse seu tempo em busca de uma grande reportagem com general estrategista que pudesse contar tudo o que acontece em uma guerra do que se expor em uma ação inútil e inglória. O mesmo acontece quando ele vai cobrir uma ação policial, que não deixa de ser uma guerra, pois ele também corre o risco de levar um tiro e morrer. Recomendaria a Débora Moura a leitura de "Uma arma para Johnny" de Dalton Trumbo, o melhor discurso antibélico que li até hoje, mas não vou desestimulá-la de seu sonho, afinal, quem sonha acordado não corre o risco de criar monstros.

8 Nós, os especialistas

Como a nova configuração do trabalho jornalístico exige um perfil profissional cada vez mais versátil e qualificado, o mercado provocou uma corrida por cursos de pós-graduação em comunicação. Se até o início dos anos 1990 ter uma graduação era sinônimo de boa colocação, a situação hoje está mais complicada. A

Folha e o Estadão na hora de contratar dão preferência aos jornalistas que estejam cursando ou que já tenham uma pós-graduação na área. Ter um título de mestre ou doutor, no entanto, por si só não é garantia de boa colocação, mas não tê-la significa ser empurrado para o final da fila. Se é preciso ter um título e se há uma infinidade de cursos disponível, como separar o joio do trigo?

Alex Sander Alcântara da revista Imprensa é quem percorreu os caminhos deste universo de pós-graduação. Um é fazer uma especialização, chamada de lato sensu. São cursos que duram de seis meses a um ano. Outra é fazer pós strictu sensu, de natureza mais acadêmica, voltada para a formação de pesquisadores que recebem o título de mestre, com dois anos e meio, e de doutor após três a quatro anos de estudo. Para ingressar num mestrado, o aluno precisa desenvolver um pré-projeto com um embrião de ideia de pesquisa. Como há mais de 500 cursos de jornalismo espalhados pelo país à primeira vista a ideia de ter um título parece interessante. Só que ele precisa de um tempo para isso, dois dias da semana à disposição da universidade.

E o custo? O aluno precisa desembolsar mensalidades que variam de R$ 1 a R$ 1,5 mil mensais. Incluindo gastos com livros, xerox, transporte e lanche, gasta-se de R$ 20 a R$ 25 mil em dois anos. Pode-se tentar uma bolsa. Mas não é tarefa fácil. O mestrado exige dedicação e sem uma bolsa torna-se impraticável, aponta a presidente da associação de pós, Maria Luiza Rangel. Só que não há muitos concursos para professores e, por isso, muitos mestres e doutores acabam trabalhando em balcão de loja. Muitas universidades demitem os professores doutores porque aí já preencheram o mínimo da cota exigida pelo Ministério da Educação. Em seu lugar contratam os mestres, a preço mais baixo.

Os anos 90 do século passado fizeram com que jornalistas começassem a pensar na carreira acadêmica como forma de melhorar a prática jornalística. Isso em redação de jornal e em assessorias de comunicação. Havia poucos profissionais aptos a dar aula e muitos cursos de jornalismo contratavam profissionais de diversas áreas das ciências humanas. Hoje isso está mudando. Muda porque já perceberam que há espaço para reflexão conceitual sobre a prática jornalística. Já deu para o pessoal notar que pesquisar é uma necessidade. Ou, como o próprio repórter da revista anotou, um jornalista que pesquisa academicamente consegue compreender melhor o processo da produção jornalística, o título só ajuda a tornar seu currículo mais competitivo, afinal somos todos especialistas em comunicação.

NA HORA DE CONTRATAR OS JORNAIS JÁ DÃO PREFERÊNCIA A PROFISSIONAIS QUE TENHAM PÓS-GRADUAÇÃO.

9 Treinamento, arte e bom senso

O comunicador é o advogado do cliente junto à opinião pública. O jornalista Francisco Viana, autor da frase, é um profissional conhecido pelas suas reflexões em torno da comunicação empresarial e pelo empenho em associar visão política e técnicas sofisticadas aos trabalhos que realiza para empresas e executivos. Lançou "Hermes – a divina arte da comunicação" pela CLA editora.

Alguns exemplos citados pelo autor são emblemáticos. Ele conta que há hotéis no Brasil que dão cursos para que os funcionários entendam como os ricos se comportam. Na parte prática eles visitam joalherias, butiques e restaurantes como se fossem clientes de classe alta e, assim, aprendem a se comunicar melhor com os hóspedes. Nos Estados Unidos é comum os hospitais estimularem treinamentos em que os médicos ocupam o lugar dos pacientes. É uma forma de mostrar como sente e reage o outro lado. O media training, a despeito das suas particularidades, não é muito diferente. Uma de suas leis básicas é levar o participante para o universo das redações. Por isso é preciso cuidar do conteúdo didático, com muito incentivo à participação, à reflexão, à crítica e ao debate.

Há ainda outro fator relevante: a ênfase ao papel da imprensa na permanente consolidação da democracia. Há muita idealização dos executivos quanto ao relacionamento com a mídia. É produtivo sugerir uma visão pragmática que almeje melhorar as experiências de diálogo de lado a lado. São, também, frequentes os treinamentos de prateleiras, no estilo commodities. Media training tem que ser sob medida. Nada de pautas que falem apenas sobre crises. Nada de exageros caricaturais de uma imprensa que só vê o negativo. A imprensa é diversificada, abrangente. Não existe uma imprensa, mas muitas, assim como são muitas as conexões entre o trabalho do comunicador de uma empresa e o do jornalista.

Certa vez o autor treinou uma assessora de imprensa para ser porta-voz de uma empresa e, nas simulações de entrevistas, revelava-se excessivamente calma. Tão calma que lembrava uma beata santificada. Soava falso. Na realidade ele observou que a moça era enérgica, cheia de vitalidade. Com o tempo, revelou-se hábil em responder a alfinetadas com firmeza e tato, sem prejudicar a empresa. Ela contou mais tarde que via os jornalistas como pessoas ardilosas que tudo fariam para que perdesse o emprego. Mais do que técnica, o relacionamento com a mídia é arte, é política, é bom senso.

Os Beatles

Eles passaram por aqui e fizeram apenas uma apresentação. Vieram com o nome The Beats. O argentino Diego Pérez, o John Lennon, foi quem falou pelo grupo: "Fomos eleitos a melhor banda cover dos Beatles de todo o mundo". Os demais integrantes da banda também procuram parecer os personagens originais. Para isso, trocam várias vezes de figurinos, de instrumentos, passam por todas as épocas. Gravaram um CD com músicas dos originais, claro, e segundo eles mesmos, receberam elogio do empresário George Martin, o chamado quinto Beatle.

O grupo portenho diz que não faz cover, mas apenas uma singela homenagem ao melhor grupo musical de todos os tempos.

Este grupo fundado na vizinha Argentina há 20 anos participou da tradicional International Beatles Week Festival, semana dedicada ao legado da famosa banda de Liverpool com um numeroso repertório de covers, um concurso em que se apresentam grupos musicais de todo o mundo.

Liverpool, eleita capital da cultura europeia 2008, terra dos Beatles, das raízes do futebol e berço de um dos portos mais importantes da Europa no século XVII, por sinal em festa, está completando 800 anos. Não faltarão homenagens aos seus filhos mais famosos que começaram a tocar no Cavern Club, onde hoje grupos de todo o mundo, inclusive brasileiros, se apresentam de graça. Um desses grupos, vindos da região paulista do ABC, se apresenta com o horrível nome de (perdoem-me) Os Britos.

O aeroporto internacional tem o nome do beatle mais famoso, John Lennon. Lá está o famoso subúrbio Penny Lane e o terreno que inspirou a canção Strawberry Fields Forever. Outros lugares mostram que Liverpool já fazia história antes mesmo de John, Paul, George e

Ringo despontarem para o megaestrelato.

Há hoje um museu, o Beatles Story, que utiliza recursos audiovisuais para recontar a história dos quatro rapazes. E a viagem de 2 horas no Magical Mistery Tour, de ônibus, inclui vários pontos que fizeram parte da vida dos quatro rapazes, como suas casas, os bairros onde passaram a infância, escolas e pontos onde eles se divertiam é ilustrado ainda por quatro rapazes que se vestem e se comportam como se fossem os próprios Beatles.

A cada ano 600 mil pessoas visitam Liverpool atraídas pela lenda beatle. Pensou em Liverpool, lembrou dos Beatles. O Guiness Book, o Livro dos Recordes, elevou a cidade da banda como a capital mundial da música pop.

Paul McCartney lembrou: "Certa noite de 1960, caminhando entre Gambier Terrace e a Liverpool Cathedral, John e Stuart anunciaram: Ei, queremos chamar a banda de The Beatles. Pensei: um tanto horripilante, não?".

Nesta época, os chamados anos 1960, por aqui a banda Renato e seus Blue Caps, da Jovem Guarda, se eternizaram com a música O Bode e a Cabra (O bode saiu com a cabra/foram andar a pé/O bode pisou na cabra/A cabra gritou mé/A cabra gritou mé) versão bizarra e inusitada para I Want To Hold Your Hand ("Quero segurar a sua mão"), dos Beatles. Outra música, "I Should Have Known better" (Eu deveria conhecê-la melhor) ganhou a versão de "Choro e não vejo". Procuravam aproximar as palavras unicamente pelos seus fonemas e, nessa loucura, valia tudo.

Ao ver noticiário do cover argentino se apresentando por aqui, creio que o vale tudo ainda funciona em nossos dias, o que de uma certa forma contribui ainda mais para pobreza de nossa cultura midiática.

11 Freio na loucura

Ex-mulher costuma dar trabalho, principalmente quando um dia ela investiu em pessoas notórias. Heather Mills, ex do cantor Paul McCartney, apareceu em canal britânico de TV para divulgar sua campanha para mudar as leis responsáveis por regular os meios de comunicação. As mudanças visariam oferecer às pessoas uma maior proteção contra os paparazzi e alguns jornais como o escandaloso The Sun.

O inferno de Heather Mills durou 18 meses, tempo no qual foi "vítima de um abuso sem limites", como definiu. Para as câmeras da GMTV ela chorou várias vezes.

"Eles me chamaram de prostituta, de caçadora de milionários, de maluca e de mentirosa. Das coisas mais inacreditavelmente ofensivas. Fiquei quieta por causa da minha filha. Recebemos ameaças de morte. Eu estive perto de me suicidar", afirmou.

Foi Heather quem procurou a emissora para dar entrevista, na qual negou ter recebido proposta milionária para selar um acordo na atual batalha travada com o ex-Beatle em processo de divórcio.

Paul McCartney dá uma grana preta para um conservatório musical instalado em um castelo britânico, especializado em ensino de guitarra. Volta e meia ele aparece no noticiário, bem mais e melhor do que o outro integrante ainda vivo do mais famoso grupo musical do planeta, o baterista Ringo Starr, que anos atrás fez incursões pelo cinema cavalgando no velho Oeste e sumiu na poeira do tempo.

Mas a moça tem razão em fazer campanha para que haja um freio nesta loucura toda que são as informações veiculadas de modo irresponsável por jornais sensacionalistas. Engraçado que por aqui já não há mais jornais que ao se espremer sai sangue, mas em compensação proliferam as revistas Caras, de pura bisbilhotice. Ao folhear essas revistas dá náusea ao ver tanta vida mundana vendida como se tudo fosse um sonho que valesse a pena ser vivido.

Não se pode entrar na vida das pessoas como cachorro vira-lata entra em igreja ao ver a porta aberta. Tem que se dar um desconto para as pessoas, mesmo que elas, à primeira vista, pareçam simplesmente pretender entrar na mídia a qualquer custo. Na desenvoltura de todas elas pode estar escondido algum talento artístico, quem sabe? Não há apresentadoras de televisão que dão certo? Não há mulheres bonitas que atraem anúncios para seus programas de TV e são um verdadeiro sucesso em termos de vendas de produtos? Humilhar uma alpinista social pode dar audiência, mas não se pode falar em justiça, ética, responsabilidade social e atitude cidadã, nada disso. Sensacionalismo não é nada sadio em se tratando de ser humano sob o holofote, só pode ser sadismo.

Ao se sentir no fundo do poço à beira do suicídio, a moça conheceu o inferno, mas, também, voltou à tona para fazer campanha que espera absoluto sucesso com assinatura de todos os ingleses com algum juízo na cabeça. Em março de 2008, um juiz britânico decidiu que 24,3 milhões de libras (ou 48,6 milhões de dólares) da fortuna do ex-Beatle devem ir para o bolso de Heather. Oh my God, oh meu Deus.

12 O hippie

A maior parte da manhã ele anda de óculos escuros, chova ou faça sol. Usa um pano em volta dos cabelos longos. De vez em quando grita para todos os que passam na rua onde exibe seus colares, pulseiras e brincos: "Os maiores gênios da música foram John Lennon e Raul Seixas". Seus ídolos estão sempre presentes em fotografias preto e branco publicadas em revistas que ele também coloca à venda. E porque vende as revistas? Ele mesmo responde: "Vendo revistas porque elas transmitem conhecimento. Levam informação para todos os povos".

O hippie dos anos 1970, época da guerra do Vietnã, era de Aquarius que gerou filmes como Hair hoje vendido nas lojas de DVD, parece saído de uma fotografia desbotada. Expõe seus objetos no mesmo pedaço de rua todos os dias, somente pela manhã, faz questão de frisar, porque o que ele faz à tarde só ele mesmo sabe.

À primeira vista pensei que ele exibia revistas falando de países tão distantes como a Índia ou o Japão fossem apenas aqueles atos que os empresários chamam de "agregar valores". Ou seja, imaginava que ele pensava em ter algo a mais em seus objetos feitos manualmente. Bem verdade que o que ele prefere vender mesmo é seu artesanato: "É tudo feito com material natural, aqui não há nada artificial, industrial, é tudo feito manualmente".

A poucos metros do ponto onde o hippie se movimenta há outros artesãos que fazem os mesmos objetos, utilizam as mesmas sementes que são perfuradas pacientemente e colocadas em um cordão de nylon. Uma vez precisava de um desses grãos para fechar uma bolsa de moedas feita de crochê pela minha mulher e recorri a um desses casais de artesãos. Era fim de tarde. Tanto a mulher como seu companheiro passaram a me tratar de "brother" (irmão) com o indicador e o polegar em movimento. Dava para perceber que ambos estavam completamente chapados, sei lá por onde viajaram, parece que pouco viam ou percebiam enquanto vasculhavam as bolsas com inúmeras sementes de todos os tipos, tamanhos e pesos. Não encontraram o que eu queria, mas ficaram de arrumar a semente para o dia seguinte.

Voltei como o combinado no outro dia e o hippie que estava sem a mulher, me deu a sementinha que coube direitinho e deu para fechar a bolsa de moedas. Tirei uma ou duas moedas, dei para ele e perguntei se era suficiente. Paguei por uma semente o valor de dúzias delas. Deu um abraço apertado e se despediu: "Muito bom, vá em paz brother, gostei de você". Enquanto me distanciava seu gesto com os dedos ficavam em minha lembrança. É que os dedos agitados para um e outro lado resumiam no tempo e no espaço um dos símbolos daqueles tempos idos: "paz e amor".

PARA DIFERENCIAR DOS DEMAIS ELE DIZIA QUE ALI TUDO ERA NATURAL, NADA ARTIFICIAL OU INDUSTRIAL, OU SEJA, ÚNICO.

13 A reportagem hoje

Por um desses gestos em que pesa mais a generosidade do que propriamente o talento e experiência que confesso não ter, o presidente do sindicato dos jornalistas profissionais no estado de São Paulo, José Augusto Camargo, alguns membros da diretoria, mais os organizadores do prêmio que é referência para o país, me colocaram como um dos três integrantes da comissão julgadora na categoria reportagem de jornal. O prêmio reveste-se de importância pela participação de jornalistas de todos os estados e por destacar a memória de Vladimir Herzog, anualmente reverenciada em 25 de outubro, ocasião em que se unem nesta homenagem dois componentes que nos orgulham: jornalismo de qualidade e respeito aos direitos humanos.

Meus colegas integrantes da comissão julgadora leram atentamente os 83 trabalhos inscritos nesta categoria, o maior número entre todos que disputaram nas categorias reportagem de TV, internet, estudantes de comunicação, revistas, livro-reportagem e outras. Eles têm mais experiência na profissão e conheceram Vladimir Herzog melhor do que eu, que o encontrei uma ou duas vezes na sucursal paulista do jornal Opinião nos idos dos anos 1970, onde dirigia sem que seu nome constasse do expediente. José Paulo Kupfer, hoje chefe de redação da TV Gazeta e colunista em portal e Luiz Carlos Ramos, diretor de jornalismo da Rádio Capital e professor na PUC, foram meus companheiros na leitura detalhada das reportagens.

Achamos que pelo fato de ter havido nesta categoria do concurso de âmbito nacional um grande número de trabalhos inscritos com alto nível de qualidade e de acordo com as normas do prêmio, ressaltando o enfoque em torno de questões sociais e de direitos humanos, optamos por dividir o primeiro prêmio com dois repórteres. Foram premiados e estiveram na sede do Parlatino os repórteres Bernardino Carvalho (O Estado de Minas) e Ciara Carvalho (Jornal do Commércio de Pernambuco).

Outro aspecto positivo, a nosso ver, foi a inscrição de bons trabalhos de repórteres de inúmeras e diferentes cidades do Brasil, não só dos centros econômicos e jornalísticos mais fortes, como São Paulo e Rio. Isto comprova a evolução do jornalismo mesmo em cidades do interior de vários Estados e até em pequenos jornais, onde são limitados os recursos técnicos e gráficos. Nossa comissão lamentou a crescente tendência ao "protagonismo", detectada em vários trabalhos inscritos: o repórter decide ser personagem, disputando espaço com os fatos, em vez de se colocar como observador e pesquisador para levar adiante a tarefa de relatar situações de modo claro e objetivo.

Mais uma falha observada em várias reportagens inscritas no concurso: a partir de uma denúncia, desencadeia-se um processo em que delegados, promotores, advogados e juízes aparecem sob os holofotes da mídia, prometendo apuração e punição dos culpados, mas, raramente, o leitor é informado do fim da história, se é que a história termina com a punição ou a absolvição dos responsáveis. Em todos os casos, a preocupação com a continuidade das reportagens, a suíte no linguajar jornalístico, deve ser reforçada, especialmente em matérias envolvendo denúncias, uma vez que o leitor tem de ser informado já que se supõe que ele leu atentamente tudo o que foi publicado.

Por fim, cabe crítica a um determinado vício de pauta: o repórter vira escravo de fontes do Ministério Público, dos distritos policiais e de outros setores oficiais, em vez de também buscar personagens que poderiam enriquecer a matéria.

Creio que essas observações dão a real dimensão de como estão sendo feitas as reportagens hoje em nossa imprensa. O que não ofusca o brilho com que foram feitas as matérias que premiamos, tanto os vencedores do primeiro prêmio como aqueles que foram distinguidos com menção honrosa, uma espécie de segundo colocado. Isso nos anima e revigora.

14 Ousadia é premiada

Foi mais o trabalho do repórter fotográfico Roberto Stuckert Filho do que propriamente dos repórteres de texto Alan Gripp e Francisclo Leali, que provocou polêmica ao registrar em imagem uma troca de mensagens entre dois ministros do Supremo Tribunal Federal combinando o voto no caso do mensalão. O trio acabou abocanhando o Prêmio Esso de Jornalismo 2007 pela ousadia. Depois, em 2008, os mesmos autores ganharam o prêmio da Sociedade Interamericana de Imprensa (SIP) no item cobertura noticiosa. "Voto combinado na corte suprema" foi o título da reportagem que mostrava os juízes acertando seus pareceres no julgamento do mensalão, um dos grandes escândalos do governo Lula.

Na época, a divulgação do conteúdo das mensagens obtidas com fotos de Stuckert Filho, que vem de uma tradição de fotógrafos, iniciou debate sobre a liberdade de imprensa e a invasão de privacidade. A pauta nasceu informal, tentando mostrar como os ministros se entretinham durante o julgamento, revelou Leali durante agradecimento na cerimônia realizada no Copacabana Palace.

Se a troca de votos em uma sessão pública, de pessoas públicas, fosse visto burocraticamente como assunto privado, a reportagem fotográfica teria sido esquecida ou ignorada. Mas não foi o que aconteceu. Há pessoas que têm a capacidade de se indignar diante de situações adversas. Há também jornalistas que não enxergam o que é uma pauta quando eles não são pautados. Vale somente o que está escrito, tem de se cumprir a tarefa para a qual o profissional é designado.

Outro trabalho premiado foi para o trio Giovani Grisotti, Christiane Pastorini e Guto Teixeira, do grupo RBS sobre funcionários fantasmas na Câmara Municipal de Sapucaia do Sul (RS). Grisoti revelou que um cidadão da cidade de Sapucaia percebeu a fraude e passou uma semana ligando para ele tentando convencê-lo a fazer a pauta. Resultado: 15 vereadores acabaram denunciados e mais 15 perderam seus mandatos.

Repórter que apenas cumpre pauta não pode ser considerado bom profissional. Muitas vezes tem de se recorrer a habilidades no relacionamento, como foi o caso de uma repórter do Estadão, contemplada pela matéria "Golpe nas vítimas da Gol". Cristiane Samarco agradeceu a um personagem não citado na reportagem, Marcelo, que conseguiu o celular de uma das vítimas em morro no Rio de Janeiro por meio de alguém da Aeronáutica.

Comovente foi o testemunho do repórter Herculano Barreto Filho, do Correio de Gravataí (RS), sobre a agressão e morte de um pedreiro. O ajudante de obras Vilson foi confundido com um ladrão e acabou morto na delegacia. Uma pauta de assunto aparentemente trivial. "Agradeço aos jurados por olharem para um caso ocorrido em uma rua escura na zona metropolitana de Porto Alegre", afirmou. Em outras palavras, a depender do repórter, em algumas situações os descamisados acabam nas manchetes dos jornais com alguma dignidade.

15 Ritual do fechamento

Em suas lembranças pelos ambientes de redação, José Louzeiro no livro "Isto não deu no jornal", Editora do Brasil, fala dos tempos do Última Hora que era, como o Diário Carioca, extremamente democrático, algo impensável nos dias de hoje. Numa coisa diferia: seguia-se à risca o horário de fechamento. Qualquer atraso levava o secretário de redação aos mais variados estágios de loucura. Ora comia matérias ou títulos que considerasse de péssima qualidade; ora esbravejava, gritava, sapateava e xingava. Significava dizer que no fechamento, ou seja, na hora de mandar o material produzido na redação para a gráfica, o secretário dominado por forças ocultas entregava-se de corpo de alma ao satânico ritual da primeira página. Grunhia como bicho acuado, contra a inexorabilidade do relógio na parede à sua frente, irritava-se com as máquinas de escrever do copidesque que não podiam acelerar mais, irritava-se com os colegas de redação, cuja normalidade lhe parecia uma afronta, pois sofria de mil dores nos nervos expostos e, por isso, exigia trepidação total. Somente a velocidade aplacaria sua ansiedade.

Na hora do fechamento todo secretário de redação passa a ser o que sua mente ensandecida imagina que é: contundente e avassalador, com as melhores fotos, os melhores títulos, todas as notícias inéditas, reveladas à sociedade somente por seu veículo. Daí a razão de, no dia seguinte, em sua imaginação leitores, assíduos ou não, terem que correr às bancas, a fim de disputar seus exemplares a tapas.

Algumas décadas mais tarde do que o hoje escritor José Louzeiro conta, havia em São Paulo um secretário de redação que gritava: "Atenção senhores cópis (redatores), atenção senhores editores, vamos iniciar a operação Ray Charles". Pronto. Era a senha mais do que repetida diariamente para dizer que as matérias teriam de descer para a gráfica do jeito que tinham vindo. Sem leitura, sem o que se chamavam de "penteadas", ou seja, reescritas dentro da linguagem adotada pelo jornal. O material tinha de descer do jeito que estavam, como se a partir dali todos os responsáveis pelas notas fossem cegos.

O que este secretário fazia após deflagrar a tal operação em homenagem ao grande cantor norte-americano também acontecia na redação carioca, a algumas décadas de distância. Ainda com as mãos trêmulas o secretário de redação voltava a sorrir, desculpava-se com os prováveis ofendidos, orgulhava-se das manchetes conseguidas a ferro e fogo, elogiava os redatores, já certo de que o jornal venderia mais que qualquer outro no dia seguinte.

Hoje os jornais vivem dos assinantes, por isso não disputam mais as bancas com manchetes bem elaboradas, algumas verdadeiras obras de gênio. Quem sabe um dia alguém tenha a ideia de reunir em livro as grandes manchetes dos jornais brasileiros, escolhidas não com critérios que levam em conta a amizade e simpatia, mas verdadeiramente manchetes históricas, feitas no calor da hora, garimpadas pelos fatos.

NA HORA DO FECHAMENTO, O SECRETÁRIO DE REDAÇÃO SE TRANSFORMAVA NA BUSCA DO MELHOR PARA SEUS LEITORES

16 Responsabilização da mídia

Há uma série de iniciativas vitais em andamento para o bem-estar de todos. O Media Accountability Systems – MAS, é uma delas. Os sistemas de responsabilização da mídia são iniciativas que jornalistas, empresas jornalísticas e sociedade –e não governos – criaram ao longo do século 20 e continuam a criar para garantir a responsabilidade da imprensa de prestar contas à sociedade.

Marcelo Beraba, na qualidade de ombudsman da Folha de S. Paulo participou de um seminário sobre o MAS, e citou o colega Claude-Jean Bertrand autor de "O arsenal da democracia" (Edusc) que define a iniciativa como "qualquer meio de incitar a mídia a cumprir adequadamente seu papel": ele indica "claramente ao público que os jornalistas têm princípios e regras, que eles se preocupam em descobrir as necessidades e desejos de seus leitores/ouvintes/espectadores e, enfim, que eles estão prontos a prestar contas, a reconhecer suas faltas".

Códigos de ética, manuais de redação, a função de ombudsman, os conselhos de leitores, a publicação regular de correções e de autocríticas são outras armas, listadas entre mais de 60, do que Bertrand definiu como "armas pacíficas", capazes "de garantir ao mesmo tempo a liberdade e a excelência dos meios de comunicação".

O problema no Brasil, ressalta ainda Beraba, é que poucos meios adotam esses sistemas de transparência (com os leitores, os ouvintes e os espectadores) e prestação pública de contas. A maioria ainda não assimilou que são empresas privadas, mas que prestam um serviço público.

É exatamente neste ponto que o colega tocou em um ponto vital, a visão de que há necessidade de uma prestação de serviço dirigido ao público, portanto nenhum órgão de imprensa está isento de ser fiscalizado pela sociedade. Vamos começar pela chamada mídia televisiva que neste país atinge o maior número de pessoas, ou seja, os canais de televisão tanto abertos como a cabo. Algumas emissoras vendem seus horários nobres a grupos religiosos e acabam mostrando pregação evangélica em horários mais caros de suas grades. Ou seja, vendem os horários a quem pagar mais, assim não precisam investir em programação, contratar gente que pensa, que traz alguma ideia, inovação e criatividade.

Por que isso acontece impunemente? Trata-se de veículos que são concessionárias de um serviço público essencial, por difundir a informação e entretenimento, e que são tratados por seus donos – os permissionários – como se eles pudessem fazer o que querem e como bem entendem e sem prestar conta a ninguém.

Se o governo se omite fica a pergunta: e os acionistas destas emissoras, não vão questionar o desserviço que elas prestam ao afastar os espectadores de sua programação, enchendo os cofres de dinheiro, mas, ao mesmo tempo, empurrando lixo e alienação à sociedade justamente no horário de maior audiência? Será que todos os acionistas são iguais, pensam da mesma maneira, têm o mesmo ponto-de-vista e acham sempre que os fins justificam os meios? Eles estarão apenas aguardando o julgamento da história? E se for isso, a história não acontece aqui e agora?

7 Reputação na era digital

A cada dia somos todos, cada vez mais, pessoas públicas, mesmo que nossos nomes não saiam nos jornais, mesmos sem sermos reconhecidos na rua. Isso acontece porque cada vez mais pessoas têm acesso aos nossos "segredos" e também porque estamos potencialmente muito mais próximos do olhar coletivo. Além do mais, quem ocupa uma posição de destaque no trabalho (não precisa ser necessariamente o número 1) é, sim, uma pessoa pública. Porque sua casa é a extensão de sua vida profissional. Sua vida particular, portanto, deve seguir um protocolo que leve esse fato em consideração.

Em 2001, um dos fragmentos de informação que devastaram a credibilidade da multinacional Enron foi um e-mail trocado por dois funcionários da empresa. Uma mensagem que circulou apenas na intranet da companhia, cabe relembrar. Um funcionário dizia ao colega de serviço para vender imediatamente as ações da Enron, porque tinha certeza de que a corporação estava com água pelo nariz. Meses depois, a empresa realmente faliu e esse e-mail se transformou numa evidência de que a companhia abusara da boa-fé do público, mascarando um estudo de insolvência sobre o qual tinha completo conhecimento.

O autor do e-mail faz parte do esquadrão de profissionais, extremamente qualificado, que ainda pensam que uma mensagem trocada dentro da rede de uma empresa é algo privado. Ou seja, tem muito a ver com uma forma de enxergar a realidade totalmente desconectada da própria realidade.

Esse é um dos inúmeros exemplos contados pelo jornalista Mário Rosa no livro "A reputação na velocidade do pensamento – imagem e ética na era digital", da Geração Editorial. A reputação agora é a alma do negócio, diz o consultor e grande conferencista. Um laboratório farmacêutico produz remédios, mas o que a indústria farmacêutica vende mesmo é confiança: a confiança em tomarmos um remédio e o oferecermos àqueles de que mais gostamos. A rigor, pessoas físicas e jurídicas não vendem produtos e serviços. Vendem confiança. O que todos vendemos é confiança.

Uma cena correu o mundo em 2005. Um dia, num vagão de metrô na capital da Coreia do Norte, uma moça cometeu uma pequena gafe. Seu cachorrinho fez necessidade no chão. Uma usuária do metrô reclamou do relapso e a moça, com arrogância, simplesmente disse que não ia limpar nada. Seguiu-se uma troca de palavras duras e a moça, irredutível. Alguns passageiros tiraram fotos do celular e, indignados, colocaram o material em blogs na internet. Alguns coreanos identificaram a "vilã" e passaram a disponibilizar dados dela, onde morava, o que fazia, onde estudava. Vizinhos colocaram cartazes em frente à sua casa, repreendendo a atitude "inaceitável". Ela teve de deixar a universidade. Um jornalista do The Washington Post publicou, por aqui O Estado de S. Paulo também, o que mostrou que nossa vida privada nunca foi tão pública como nos dias de hoje. O cidadão comum já não existe mais. Ou, como diz Mário Rosa ao nos saudar: "Bem-vindo ao ecossistema digital, meu caro Homo Bytens!". É assustador.

18 Questão de imagem

À primeira vista pode parecer estranho, mas algumas assessorias de comunicação dirigidas por jornalistas costumam designar o pessoal formado em relações públicas para fazer contato com as redações. O motivo disso é um só segundo ouvi da maioria que age deste jeito: é que de um modo geral o profissional especializado em RP costuma adotar um tratamento, digamos, mais adequado e próximo do universo que se entende por mundo corporativo. Jornalistas são de uma objetividade cruel. A primeira resposta da redação a uma assessoria de comunicação costuma ser: "O que você manda?".

Em um dos cursos para pequenos empresários uma senhora contou que havia montado uma academia de ginástica e que caberia a ela, proprietária, recepcionar os clientes. Simpática, bem-falante, com uma disposição enorme para o trabalho, tinha tudo na cabeça para que a sua empresa funcionasse com sucesso.

A dona da academia de ginástica havia pensado mesmo em tudo: comprou equipamentos de fisiculturismo, montou uma loja para vender roupas, uma lanchonete de produtos naturais, enfim, procurou ajuda de uma dessas organizações que se dedicam a prestar consultoria aos empresários iniciantes na nova vida.

Havia um porém – e como dizia o Plínio Marcos, sempre há um porém em todas as histórias. A moça era enorme, pesava mais de 100 quilos, não era exatamente a pessoa indicada para recepcionar os atletas ou candidatos a ter um corpo perfeito.

Tive o máximo cuidado de dizer isso para ela e todos na classe concordaram. Mas, o que ela poderia fazer? Como cada peça tem de estar em seu lugar, propus que ela ficasse na administração da academia, e que contratasse uma recepcionista de preferência dona de um belo corpo.

Alguns meses depois ela me ligou para contar que a academia ia de vento em popa e que estava pensando em consolidar seu negócio para depois expandir mais e, futuramente, partir para um sistema de franquia. Agradeceu a sugestão de ficar nos bastidores. Disse a ela que o conselho para que ela cuidasse apenas dos aspectos administrativos não tinha sido somente meu, mas que toda a classe havia aprovado, ao que ela respondeu: "Não tem importância quem foi o autor da ideia, só sei que à primeira vista tive vontade de esganá-lo, cheguei a imaginar cenas horripilantes tendo você como alvo, mas depois lavei o rosto, olhei no espelho e vi que você estava pensando na imagem da minha empresa e, se ela é minha, você estava pensando em última instância na minha imagem".

E sabem da maior? Em outra ligação – juro que a sugestão não foi minha – ela contou que estava malhando e fazendo regime em sua própria academia, como uma aluna qualquer. Penso que desse jeito ela vai longe.

CANDIDATOS A UM CORPO PERFEITO QUEREM ALGUÉM COM O MESMO IDEAL PARA RECEBÊ-LOS, PARA O BEM OU PARA O MAL

9 Profissionais domados

Aconteceu em assessoria governamental de grande porte. O encarregado de preparar texto que deveria ser entregue posteriormente a revista técnica pediu ao fotógrafo que arrumasse uma imagem para ilustrar a reportagem. Procura aqui, mexe o mouse para lá, o fotógrafo separou bom material em termos quantitativos. Era material farto em termos numéricos, diga-se a bem da verdade, mas, quanto à qualidade, uma negação.

O que o repórter queria era uma fotografia que mostrasse que ônibus polui o meio ambiente. Aquele departamento deveria ter arquivado milhares de fotos mostrando ônibus poluindo o ar. Mas não tinha nenhuma foto indicando que o escapamento dos veículos emite fumaça. Tudo muito limpo. Por mais que explicasse, o fotógrafo não entendia. Aí ele soltou uma pérola: "Você acha que eu faço fotos desse tipo, mostrando que os ônibus poluem o ambiente? Daí como ficaria a imagem de nossa repartição?". O repórter, estupefato, demonstrava não entender o raciocínio do colega: "Você pensa no seguinte: se mostrarmos uma foto dessas que você quer, o leitor pensaria que o sistema está uma bagunça. Temos de mostrar somente boas situações".

Pobre repórter de repartição pública. Não tinha como ilustrar sua matéria, justamente um registro de convênio internacional para melhorar o ar na atmosfera usando um programa de trânsito. Nada mais adequado que uma fotografia que transmitisse ideia do mal que a fumaça faz no ambiente. Mas o fotógrafo disse que não fazia fotografias deste tipo, que elas poderiam macular a imagem de sua repartição.

Nunca concordei com a pregação do jornalista Hélio Fernandes, da Tribuna da Imprensa, de que havia na praça jornalistas domados. Isso depende de cada um. O profissional pode estar em redação da mídia que concorre abertamente no mercado como pode trabalhar no que se convencionou chamar de "o outro lado do balcão" em repartição pública ou fazer a comunicação das empresas que ele continuará sendo jornalista. Tudo depende de seu comportamento. Jornalista também pode ser prudente – e como há gente desse tipo nas redações – em qualquer meio de comunicação. Não é porque ele trabalha em assessoria de comunicação que está condenado a ser alguém que apenas e tão somente age como o militar que acata a ordem unida dos quartéis. Jornalista é outro tipo de profissional, não foi acostumado a balançar a cabeça e dizer "sim" a tudo e a todas as situações. Se alguém pensa que esta é a imagem do jornalista de assessoria de comunicação, pode tirar o cavalinho da chuva porque os tempos são absolutamente outros. Nossos tempos exigem profissionais com iniciativa. Fotógrafo como este rapaz que seleciona o tipo de fotografia antes de o fato acontecer não é profissional, é o próprio medo em pessoa. Medo e comunicação não convivem bem.

20 A brincadeira

Grandalhão, óculos escuros escandalosamente enormes, camisa sempre aberta, peito à mostra, medalhão imenso, Moscão, como era conhecido, saiu do principal restaurante da cidade e se estatelou no chão, bem na frente do estabelecimento. Segurou a barriga procurando demonstrar que algo que acabara de comer lhe fizera mal. A correria foi geral. O dono do restaurante, que não lhe cobrava um centavo pelo almoço de todo dia, ficou apavorado. Juntava as mãos na cabeça e, aos gritos de "ai meu Deus, ai meu Deus", dava a impressão de que o mundo desabara com a queda do investigador, bem na entrada do restaurante.

Todos ali ficaram sem saber o que fazer, se calculava que seria preciso uns dez homens para transportar o investigador até o carro e, sem ninguém esperar, ao ver aquela aglomeração ele se levantou e, rindo, contou que tudo não passara de uma brincadeira. Agora quem passou mal foi o dono do restaurante que julgava ser o melhor da cidade.

A vida política girava em torno da prefeitura e de duas sessões semanais na câmara municipal, geralmente à noite. Dia seguinte eu visitava o legislativo para anotar o que havia se passado durante a reunião. Conferia as notas registradas em ata. Dava pouca notícia. Bem verdade que os protagonistas estavam sempre reunidos na praça principal. Algumas vezes ouviam Milton Nascimento em uma vitrola, canção que falava de uma cidade mexicana, San Vicente. Os "nobres edis", como se tratavam mutuamente, achavam que o grande compositor havia homenageado a cidade litorânea paulista de São Vicente.

A roda de políticos reunidos em torno de um cafezinho evocava lembranças, reminiscências, falava do passado, de feitos heroicos, mas não gerava nenhuma informação.

Em uma das ruas principais funcionava a sede do jornal onde trabalhava, uma sucursal que funcionava comigo, um contato de publicidade que não vendia nada e pouco se esforçava neste sentido e um contínuo que placidamente atendia ao telefone quando não estava namorando e, quase sempre, se esquecia de anotar os recados.

Um belo dia, ao abrir a sala ela estava vazia. Liguei para o jornal e o diretor disse que conversaríamos no final do dia. Visitei o prefeito, como fazia diariamente, entrevistei outras fontes, comi um quibe com coalhada e voltei à sede do jornal. Entrei direto na sala do diretor que, rindo, disse que a contenção de despesa o obrigara a assumir tal atitude, mas que ele, na pressa de resolver as coisas, mandou toda a tralha para sua casa e se esquecera de me avisar. Garantiu que certamente haveria de me contar mais tarde, como acabou fazendo.

Não sei por que, mas veio à lembrança a atitude de Moscão, o ingrato policial que comia no mesmo restaurante há anos e que um dia resolveu fazer uma brincadeira para surpresa e decepção de seu benfeitor. Mas, como dizia Milton Friedman, prêmio Nobel de Economia em 1976 que sempre negou a autoria da frase, não existe almoço grátis. Tempos mais tarde, Moscão contou que dava proteção policial para o dono do restaurante e, inspirado, sentiu-se à vontade para fazer a brincadeira de mau gosto para infelicidade e desespero de seu benfeitor que nunca mais viu o restaurante cheio. Pelo contrário, seu estabelecimento comercial passou a viver - perdoem o trocadilho - literalmente às moscas.

21 Uma vizinha do barulho

Ferréz, ou Reginaldo Ferreira da Silva, criado na periferia paulistana de Capão Redondo ao falar sobre a guerra de periferia constatou que a impressão de que tem é que são todos peões num jogo de xadrez, sempre brigando, e a briga não chega nos cavalos, nos reis. Os cavalos são os políticos; os reis, os donos deste país, as 300 famílias mais ricas, registrou o repórter Uirá Machado da Folha de S. Paulo.

O autor de "Manual Prático do Ódio" observa que o povo tem ódio da polícia, mas ele observou que muitas vezes o policial também mora perto da favela. Uma vez, um amigo que estudou com ele e virou policial foi abordar os vizinhos. Fingiu que não conhecia ninguém. Uma semana depois foi à sua casa pedir desculpas.

Autoridade não conhecer seu vizinho também aconteceu comigo anos atrás, só que envolveu a marginalidade. Fazia parte de uma equipe de reportagem policial e haviam prendido a rainha do tráfico. Fui à delegacia seccional. Na mesa em frente à mulher algemada, de cabeça baixa, havia maconha prensada aparentemente na máquina. A mesa, diga-se de passagem, era enorme e a quantia apreendida provavelmente era coisa para quadrilha carregar, não ato de uma só pessoa.

Fui apresentado à poderosa meliante – linguagem que os policiais adoravam usar e que há tempos foi banida das redações. Para mim foi um choque. A moça que ali estava era velha conhecida minha, na infância tínhamos sido criados no mesmo bairro, na mesma rua.

Mariazinha era um dos doze ou treze filhos de uma vizinha. Não a via há alguns anos, mas ela estava igual aos tempos em que brincávamos juntos naquela pobreza, onde não chegávamos a passar fome, o dinheiro até que dava para o gasto, mas era só isso.

A reação da suposta líder da quadrilha foi surpreendente: ela estava olhando para o nada quando o delegado levantou seu rosto. Seus olhos eram vermelhos, pareciam soltar faíscas. Estava visivelmente drogada, não falava coisa com coisa. Balbuciou alguns sons para, em seguida, deixar o rosto cair à mesa, jogar os braços em cima e dormir. Não poderia mesmo me reconhecer no estado em que estava.

Anotei o que o delegado, escrivão e investigador me contaram. Não sabia que Mariazinha, que estava sendo levada algemada para a cela, era a perigosa rainha da droga, capaz de resistir bravamente a qualquer investida policial com dois revólveres cuspindo fogo, como a Bonnie da dupla de assaltantes do cinema Bonnie and Clyde. Literalmente, uma vizinha do barulho.

22 Sobriedade e encanto

O primeiro emprego dela foi como rádio-escuta em programas jornalísticos. Formada em Relações Públicas, preferiu aprender todos os segredos do ofício em empresa de comunicação. E trabalhou para vereador e depois para um deputado estadual, filho de uma figura relativamente conhecida em rádio.

Quando éramos colegas em assessoria, lembro que ela namorava um rapaz que mostrava para todos os colegas em fotografia. Não existiam os celulares com máquinas fotográficas embutidas. As fotos eram em papel colorido. Ninguém conheceu pessoalmente o rapaz, algumas más línguas diziam, inclusive, que ele nunca teria existido de verdade. Que era apenas um amor platônico. Não vou duvidar da existência do rapaz, porque tem gente que fala dos outros e dão a impressão de que são velhos conhecidos nossos sem que nunca os tenhamos visto em carne e osso.

O namorado era um rapaz maravilhoso, o adjetivo era ela quem usava. Mas tinha um porém: certa vez ela contou que gostava dele somente quando o rapaz bebia. Enquanto estava sob efeito da bebida ele era o que ela taxava de "maravilhoso", mas, passado o efeito alcoólico, o coitado voltava ao normal e ficava insuportável. Isso mesmo, ela mudava de adjetivo como trocava de roupa. O rapaz era bom enquanto durava o porre. Depois, ao voltar o que era, ele se tornava igual a todos os homens que a namorada havia conhecido em sua vida. Tornava-se um joão-ninguém, repetitivo, sem imaginação, sem encanto algum.

Não sei de detalhes que fazia o namorado encantar a moça. Sei apenas que ela ficava maravilhada sempre que ambos bebiam. Certamente ele se permitia alçar voos mais altos do que o comum dos dias. Na vida é bom que assim seja, que haja alguns excessos. Mesmo porque as pessoas são muito certinhas, fazem tudo metodicamente, quase não inventam, não saem nunca da linha.

O que deixava a moça feliz era exatamente o que extrapolava o que se pensa que é normal. Aquilo que passa dos limites. Pelo menos era o que ela deixava transparecer. Contou muitas vezes que gostaria de ver o rapaz daquele jeito o tempo todo, que ele agisse assim normalmente, não sob efeito alcoólico.

O mundo dá muitas voltas. A última vez que vi a mocinha foi nos corredores da Assembleia Legislativa, onde conversamos por algumas horas. Colocamos nossas agendas em dia. Ela havia deixado a casa dos pais, alugou um apartamento no centro da cidade, estava morando sozinha e particularmente feliz, segundo me contou. Pela sua expressão de felicidade eu não poderia duvidar disso tudo. Mas, e o rapaz que a fazia alegre e feliz quando tomava um porre danado, que fim levou?

Ela não quis levar a conversa adiante. Cortou o papo na hora. Disse ter sido um prazer me rever, deu um beijo, um abraço e, balançando a mão direita, sumiu nos corredores. Eu nunca mais a vi.

ENQUANTO DURAVA O EFEITO ETÍLICO, O RAPAZ ERA BOM E ENCANTAVA A NAMORADA E A LEVAVA A ALTURAS INIMAGINÁVEIS

23 O estresse e a régua

Sempre que faltava régua em classe, o patusco mestre Idalino não precisava fazer muito esforço porque Messias – um dos maiores e mais desengonçados alunos – tratava de comprar e trazer de presente. Régua de metro e meio feito de madeira leve, que voava na cabeça do puxa-saco para um simples "teste". O aluno chorava baixinho, procurava conter as lágrimas e, mostrando satisfação pelo ato sádico, o professor de mãos pequenas e dedos curtos parecia se dar por satisfeito. Nunca entendi o porquê da insistência em testar a qualidade da régua logo na cabeça de quem trazia o presente simplesmente para agradar.

Isso tudo me vem à cabeça quando leio matéria do Comunique-se dando conta que relação de cliente com a mídia é motivo de estresse. Lidar com clientes e administrar crises são os principais causadores de estresse em assessorias de imprensa.

O maior estresse se dá quando, numa hora de emergência, ele precisa falar com o seu assessorado e não consegue esse contato imediato, explica Marco Siqueira que ministra cursos e palestras sobre a área.

Vender uma pauta, como se diz no jargão jornalístico, ou tentar emplacar uma matéria, também causa tensão porque o cliente quer ver sua imagem na mídia e nem sempre os veículos aprovam um press release. Juliana Barreto, colega que assessora a Souza Cruz confessou se sentir desgastada quando se empolga com uma pauta e a mídia não responde.

Outra colega, Neuza Serra, que recentemente assessorou o Hospital Sírio-Libanês, notou que os prazos quando sufocantes ajudam a aumentar ainda mais a tensão.

Gerenciamento de crises é outro ponto que deixa os colegas em exaustão. Quando acontece uma crise, o assessor deve estar preparado para passar todas as informações à imprensa e prestar esclarecimentos. O estresse aumenta na medida em que não há compreensão em como gerenciar uma crise.

Estresse no dia a dia é como a régua do professor Idalino: não pode faltar, e se faltar, alguém vai notar e providenciar outra novinha. Nem que seja para tomar uma cacetada na cabeça aos olhos dos colegas que diziam em coro: "Toma, seu burro, quem mandou?".

24 Detetive

Missão em tarde paulistana: entrevistar um detetive particular. Pensei inicialmente que fosse encontrar aqueles personagens de Agatha Christie com bonezinho xadrez, paletó cinza, lupa, cartucheira e revólver, mas não foi nada disso. O entrevistado estava mais para o herói criado por Luis Fernando Verissimo, partia para o humor em vez de viver seus dias como se fosse em um romance policial. Contou mil histórias de traições, de roubo de ideias, grampo telefônico, apropriação de projetos industriais, missões a que tinha de cumprir todos os dias. Mas revelou também que sua profissão tinha uma diferença fundamental com o investigador policial, e é exatamente nisso que difere tudo o que separa o exercício dos dois profissionais: o poder. O policial tem poder porque representa o Estado e, a partir daí, tudo pode fazer em nome da investigação. Já o detetive tem de se virar como um intruso, um curioso, como alguém fora de qualquer esquema.

Essa também é a diferença entre uma assessoria de comunicação de empresa pública e a assessoria da iniciativa privada. A empresa pública é representada por um setor dos setores, seja executivo, legislativo ou judiciário, porque está investida de todas as prerrogativas de um dos três poderes. Já a iniciativa privada não conta com ninguém e tem de se virar sozinha.

Claro que as maiores empresas têm a proteção da grandeza de sua marca. As corporações contam com mais vantagem que as pequenas, na proporção de seu faturamento. Não é à toa que a das preocupações de todas as empresas têm sido exatamente a de fazer com que sua marca brilhe no mercado. Nada mais justo, nesse aspecto não há o que contestar.

Mas se o poder está associado à ideia de grandeza, também há o outro lado da moeda. Ou seja, as empresas públicas respondem perante tudo o que é negativo. Sabemos que a mídia tem necessidade, vive e se alimenta de notícias negativas. O americano diz "good news, bad news", ou seja, boas notícias são as más notícias. O poder não conta somente com vantagens, sabe que tem de conviver com as duas faces da mesma moeda.

O detetive mambembe tinha razão ao confidenciar para o repórter que nada entendia de mundo - e que continua não entendendo nada, décadas depois - que o poder é que faz a diferença entre a atividade desenvolvida por ele com o mesmo trabalho exercido por outro profissional, só que este age em nome do Estado. Pensando bem, foi uma grande descoberta. Mas, se refletirmos melhor à distância que só o tempo nos proporciona, nada mais óbvio, porque descobrir é, afinal, a função primordial de um detetive.

25 Assuntos

Empresário do ramo de brinquedos me provoca em plena segunda-feira ao perguntar se havia comemorado a vitória do meu time de futebol. Respondi à maneira do navegador Amyr Klink que observou que no Brasil, pior do que ser estuprador é não gostar de futebol. O empresário disse que eu deveria ser uma dessas pessoas que não conseguem manter um diálogo com quase ninguém, já que não entendia nada do popular esporte que a todos encanta.

Tinha hora marcada mas houve pequeno atraso com o dono de uma das principais redes do comércio varejista. Pediatra com clínica montada, ele havia investido seus ganhos em loja de brinquedo até que um dia, ao tentar desistir da modalidade, a indústria o descobriu. Ele era exatamente o que a fábrica queria, não mero vendedor que simplesmente informa quanto vale cada brinquedo, mas que enxerga além disso. E tudo aconteceu quando o médico resolveu encerrar seus negócios. Procurou a indústria que, ao contrário de aceitar o fechamento das portas de sua loja, propôs injeção de recursos para que ele crescesse ainda mais.

Contei para ele o motivo do atraso, se é que argumento algum cola. Havia perdido um tempo ao deixar um pedestre atravessar vagarosamente na faixa. Ao invés de avançar, como muitos motoristas julgam que têm o direito de fazer, deixei que o pedestre exercesse, isso sim, o direito de atravessar. Disse que São Paulo poderia ser igual a Brasília em um único aspecto: o respeito ao pedestre. Lá no Planalto, pedestre tem preferência, sem coerção legal ou mesmo policial. É uma imposição social. O pedestre pode cruzar a faixa porque o motorista para e espera. Em São Paulo motorista que deixa o pedestre cruzar a sua faixa é xingado e recebe reprovação com gestos e olhares. Merece até uma foto.

Estava pensando no fotógrafo Sebastião Salgado que antes de ser um grande profissional é um ser privilegiado. Envolto no projeto Gênesis, com duração de 8 anos, ele pesquisa na Ilha Galápagos em meio a tartarugas gigantescas e iguanas antidiluvianas. Apesar de todo estrago provocado pelo meio ambiente, ainda existem áreas selvagens que podem religar a espécie ao planeta e seu interesse pelas comunidades indígenas transcende a curiosidade antropológica. "Acho que eles vão nos ensinar como preservar a vida na Terra, pois há séculos protegem o lugar onde vivem", observou.

O respeito à imagem, como à vida, também me comove. Toda vez que Marilyn Monroe aparece, no cinema ou na televisão, quem ganha é a fundação criada pela filha de Sigmund, Anna Freud, para tratamento de distúrbios psíquicos de crianças. São direitos de exibição. Três psiquiatras trataram da grande atriz por quase dez anos. Marianne Kris foi a que mais atazanou a vida do símbolo sexual, chegou a interná-la em uma clínica psiquiátrica para tratamento. Mesmo assim Marilyn a incluiu em seu testamento. A doutora Kris era próxima de Anna, e acabou repassando a doação para a instituição.

Amyr Klink, Sebastião Salgado e Marilyn Monroe: preciso entender de futebol para conversar com alguém?

EM VEZ DE FUTEBOL PREFIRO FALAR DE OUTROS ASSUNTOS COMO ALMYR KLINK, SEBASTIÃO SALGADO E MARILYN MONROE

26 Profissão repórter

Seu sonho era ser jornaleiro "para passar o dia inteiro lendo jornais e revistas". Na adolescência fez a escolha definitiva pelo jornalismo. Passou pelo Globo, Folha e Estadão. Escreveu três livros. Hoje o carioca Fernando Molica é repórter da TV Globo e diretor da Associação Brasileira de Jornalismo Investigativo, além de coordenar um curso de MBA na FGV-Rio.

A Rodrigo Caixeta da ABI Online, Fernando Molica lembrou que mandava colaborações eventuais para o suplemento infantil "O Jotinha" de O Jornal. Teve até carteirinha de repórter-mirim. Em 1981 começou a fazer reportagens eventuais para as revistas Manchete e Fatos e Fotos. E começou um estágio na sucursal carioca do Estadão. Pensou em estudar publicidade e cinema, mas decidiu ser jornalista: "O jornal, de alguma forma, servia de ponte para um outro mundo, permitia que eu saísse de Piedade, no subúrbio. Pelo jornal sabia de fatos do mundo inteiro, inclusive da própria cidade do Rio de janeiro, do que ocorria do outro lado do túnel. Sempre vi o jornal como um bom amigo, que me contava boas histórias, que me mantinha bem informado".

Trabalhava no Estadão quando viu um anúncio na Folha para uma vaga de repórter na sucursal carioca. Mandou currículo e foi escolhido. Era o auge da implantação do Manual da Folha, em 1985, "um tempo bem radical, em que princípios consagrados do jornalismo passavam por uma crítica muito forte".

Um belo dia veio convite para a TV Globo. Como tinha 35 anos de idade, pensou que era para ocupar cargo de chefia, não imaginava que era para ser repórter. No jornalismo não existe a possibilidade de se fazer carreira. Para ganhar mais é preciso ocupar outras funções, tem que exercer um cargo. Fernando Molica teve de passar por algumas adaptações. Por exemplo, aprendeu que a TV tem uma gramática própria, tem que falar para a câmera, tem que se preocupar com a voz, com a narração, com a "conversa" com o telespectador. Aprendeu a lidar com um trabalho mais coletivo. Viu também que matérias mais aprofundadas precisam de tempo, dinheiro, paciência, talento e, claro, sorte.

27 Pequenas tentações

Foi a newsletter Jornalistas e Companhia quem tornou público o comunicado interno da Folha de S. Paulo assinado pela sua editora-executiva Eleonora de Lucena datado de 11 de setembro de 2007. O verbete Ética do Manual de Redação sofreu modificações acrescentando ao texto original novas orientações que todas as assessorias de comunicação devem ficar atentas.

A preocupação nítida é a de evitar que os colaboradores do jornal valham-se de sua condição funcional para auferir vantagens pessoais indevidas. Um dos acréscimos diz que "para evitar real ou aparente conflito de interesses, o jornalista da Folha não deve possuir ações de empresa sobre as quais escreve com regularidade. A recomendação vale para todos os profissionais, não apenas para aqueles que cobrem o setor financeiro. Por exemplo, jornalista que cobrem saúde não devem ter ações de planos de saúde, quem cobre o mercado imobiliário não deve manter ações de construtoras. O jornalista da Folha deve, obrigatoriamente, alegar impedimento e recusar pautas sobre empresas e demais organizações com as quais tenha algum tipo de relacionamento". Jornalistas e Cia. arrisca que talvez esta seja uma resposta ao alerta recente da Comissão de Valores Mobiliários de que também a imprensa e jornalistas poderiam estar se beneficiando de informações privilegiadas de empresas com ações na Bolsa, o que a meu ver é um tremendo exagero.

O jornal também "endureceu" um pouco na questão da participação de seus profissionais em viagens, conferências e seminários. Os acréscimos determinam que "serão vedadas (aos profissionais do jornal) participar em eventos quando houver real ou aparente conflito de interesses". E fez o mesmo em relação a eventos culturais: "É proibido ao jornalista da Folha pedir ingresso para eventos culturais, como shows e peças de teatro. Sempre que possível, a Folha pagará pelo ingresso dos profissionais que forem cobrir tais eventos. No caso de shows em que há áreas exclusivas para jornalista, o jornal pode solicitar o credenciamento".

A Folha também não mais aceitará que despesas geradas por encontros de trabalho sejam pagas integralmente pelas fontes: "Em encontros de trabalho com fontes em restaurantes ou cafés, o jornalista da Folha deve pagar sua parte na conta. O jornal reembolsará o profissional mediante aprovação de seu superior".

E quanto a brindes e presentes aos profissionais do jornal? A orientação do jornal é a de que "o jornalista da Folha não deve aceitar presente de nenhuma espécie ou valor, incluídos itens materiais ou eventuais descontos especiais em estabelecimentos comerciais ou industriais. Todo presente enviado ao jornal ou à casa do jornalista deve ser encaminhado à secretaria de redação para devolução com carta padrão de agradecimento e explicação. Ficam de fora dessa determinação produtos destinados à divulgação e avaliação crítica, como cópias de discos, DVDs, livros e softwares".

Pessoal de assessorias: anotaram?

28 Proativos sempre

Diversas e variadas razões fizeram com que a empresa necessitasse de uma assessoria de comunicação. Tudo ali era feito com a urgência classificada com a frase "para ontem". Ou seja, era urgente que se contratasse. O encarregado, um economista formado pela FGV com especialização em marketing pela ESPM resolveu colocar em prática todos os aprendizados e experiências adquiridas, segundo ele, ao longo dos anos. Procurou três empresas, passou mensagem para seus dirigentes e, crente de que teria a resposta em curto prazo de tempo somente aguardou os contatos.

A primeira assessoria de comunicação nem se dignou a dar resposta. A segunda apenas registrou, mas não se manifestou a não ser acusar o recebimento do ofício. A terceira agência mandou um plano de trabalho feito especialmente para a empresa, indicando os caminhos a ser trilhados no dia a dia, o que poderia ser feito e desenvolvido a partir de sua contratação. E mandou também, é claro, os custos do trabalho, o chamado fee mensal.

Adivinhem qual empresa de comunicação foi contratada? O executivo encarregado de fechar contrato nem pensou duas vezes. Chamou o responsável pela agência e marcou uma reunião.

Nesse dia, como acontece em todos os primeiros contatos, o dono da assessoria de comunicação fez questão de ir ele mesmo, apenas se fez acompanhar de uma colega com experiência no assunto e que ficaria encarregada de atender a conta.

Feitas as apresentações e troca de cartões, marcaram data para início dos trabalhos e vigência do contrato. Por uma dessas coincidências, o dono da agência que abocanhou a conta encontrou-se com o dono de uma das suas concorrentes nesta disputa. Não se sabe por que, mas eles entraram no assunto. Era aquela agência que agiu burocraticamente, enviando apenas um registro por e-mail. Nada mais. Surpreso de que o colega havia abocanhado a conta, o perdedor mostrou-se admirado: "Como você conseguiu? O que você fez? Conhecia o cliente?".

O vencedor nada mais fez do que se mostrar proativo. Antes mesmo de perguntar quem era o cliente, ele mesmo pesquisou na internet e obteve todos os dados acerca da empresa que se mostrava interessada em ter uma assessoria de comunicação. Não telefonou como se fosse chamado para prestar um favor, mas encarou como uma obrigação sua se antecipar aos fatos. Ao invés de mandar um questionário para a empresa que queria seus serviços, ele deu um passo à frente.

Ao mostrar na prática o dinamismo de seu trabalho o que aquela assessoria fez foi transmitir segurança de que corresponderia ao que lhe era proposto. O cliente ao que consta está satisfeito com o trabalho apresentado, certo de que só se conhece o outro convivendo como no casamento, convivendo todos os dias, na tristeza e na alegria.

29 Arma biológica

Parece cena de ficção científica, mas é real. O ambulatório de tratamento da sexualidade da Faculdade de Medicina do ABC em Santo André aplica sem alarde algum um tratamento a base de injeção de hormônio feminino que diminui o desejo sexual do paciente, conhecido como "castração química". O responsável pelo setor, psiquiatra Danilo Baltieri, doutor pela USP, integrante do conselho penitenciário do Estado de São Paulo, ressaltou que só usa o método quando os doentes lhe pedem e assinam um termo de consentimento: "Ou faço isso ou eles farão sexo com as crianças".

O ABC Sex foi criado em 2003 sem nota nos jornais e hoje atende a cerca de 30 pessoas com diagnóstico de pedofilia, considerado um distúrbio psíquico. Alguns pacientes respondem processo ou inquérito policial, são encaminhados por ordem judicial ou chegam por vontade própria. Não há nenhum paciente cumprindo pena. Segundo a pesquisa perfil do preso, de 2003, apenas 4% dos condenados do sistema prisional paulista tinham como motivo crimes sexuais, como estupro e atentado violento ao pudor. Há um presídio no interior do Estado que abriga somente autores de crimes sexuais, eles têm de ficar isolados para não serem submetidos à "Lei de Talião" (olho por olho, dente por dente).

Recentemente o doutor Baltieri expôs seu trabalho no Congresso Brasileiro de Psiquiatria, onde ressaltou que a terapia é reconhecida por entidades médicas como a Associação Internacional para o Tratamento de Agressores Sexuais. Esclareceu que a injeção de hormônio é aplicada nos pacientes que foram submetidos a injeção de outros tipos de drogas e psicoterapia. O hormônio mais usado é o acetato de medroxiprogesterona e os seus efeitos para a diminuição da libido e prejuízo das ereções são apenas temporários, cessam logo que o tratamento é interrompido.

Uma vez por mês o paciente recebe injeção de hormônios femininos, que permanece em seu organismo. A substância inibe a produção de hormônio sexual masculino, a testosterona, o que resulta em diminuição da libido e dificulta as ereções. A agressividade também é reduzida. Mas como o castigo nunca vem só, há o efeito colateral. O paciente pode ter diabetes, perde a massa muscular e ter aumentada sua pressão arterial.

No 1º de abril de 2008 o comitê de ética em pesquisa da Faculdade de Medicina do ABC aprovou o projeto. Ele é composto por 30 pessoas – médicos, juristas, enfermeiros e membros da comunidade de Santo André.

Para especialistas em Direito, o controle hormonal é "uma medida nazista, cruel e medieval". Na época de Hitler isso foi feito e até hoje há resquícios em alguns Estados norte-americanos onde usam o método em condenados presos: "Trata-se de pesquisa biológica ultrapassada que afeta a dignidade humana", diz Luiz Flávio Gomes.

No Senado há uma lei em andamento da autoria do ex-governador Gerson Camata, do Espírito Santo, e na França o presidente Nicolas Sarkozy defende a castração para crimes sexuais. O assunto é, de fato, simplesmente assustador.

CONTROLE HORMONAL OU CASTRAÇÃO PARA CRIMINOSOS SEXUAIS, A GRANDE DÚVIDA NA PSIQUIATRIA E NA COMUNICAÇÃO

O especialista

Um professor de antropologia pacifista, contrário à guerra, vestido com uniforme militar, dentro de um veículo blindado no Iraque? David Matsuda, professor da Universidade Estadual da Califórnia, próxima a São Francisco, se classifica como liberal e democrata, "com vontade de acabar com isso (a guerra)". Ele integra o Human Terrain Team, um programa militar do governo americano que aloca antropólogos no Iraque e no Afeganistão, na esperança de ajudar os líderes táticos em campo a entender a cultura local.

"Vim aqui para salvar vidas, transformar inimigos em amigos", disse ao repórter Peter Graff, da agência Reuters. Soldados baseados a nordeste de Bagdá – área que há alguns anos era considerada uma das mais violentas no Iraque e hoje é um dos exemplos de aperfeiçoamentos das medidas de segurança - se declaram agradecidos pelos conhecimentos trazidos pelo professor, pois conseguiram passar do combate à pacificação.

O sargento Dustin "Boogie" Brueggerman, especialista em táticas psicológicas, passou um tempo tentando conquistar corações e mentes em Adhamiya. Sem sucesso. Lembrou que até alguns meses atrás era uma das mais violentas fortificações militantes sunitas no país. Isso até a vinda do professor: "Ele me falou sobre a história da tribo Ubaidi. Muitas pessoas daqui são membros desta tribo. Eu sabia muito pouco sobre ela, não percebia a sua grandeza". Disse ter obtido tantas informações do professor que, se fosse um ano atrás seu comportamento teria sido diferente.

O tenente-coronel David Oclander, com 5 mil soldados sob suas ordens, disse que o professor tem ensinado como os iraquianos costumam resolver conflitos, o que ajudou muito no contato com clérigos xiitas: "Agora, quando dialogamos, isso se dá de forma clara e agradável".

A Associação Americana de Antropologia alertou para o fato de o projeto poder conduzir ao comprometimento ético da organização, causar prejuízos à reputação dos profissionais envolvidos e, o pior de tudo, fazer com que os objetos pesquisados se tornem alvos militares. O professor David responde: "A comunidade antropológica reage apressadamente. Alegam que temos sido cooptados pelo programa, que pregamos a guerra, como se fôssemos foquinhas amestradas. Temos uma janela de oportunidades para fazer alguma diferença para as pessoas que ali moram. Temos que aproveitá-la. Vim aqui para salvar vidas, transformar inimigos em amigos", acredita enquanto toma chá em uma casa de iraquianos.

Na realidade, o professor foi colocado no foco da batalha como os vírus separados em tubos de ensaio nos laboratórios onde se manipulam remédios. Mas o teatro da guerra é o palco ideal para isso? Pacifista tem de ir para o centro das batalhas para combater a guerra por dentro? Não seria o mesmo que usar droga na desculpa de combater a sua propagação? Seus conhecimentos não seriam mais úteis no combate diuturno contra a guerra se ele fosse às praças públicas e denunciasse todas as atrocidades presenciadas in loco e utilizasse a mídia para obter maior sucesso?

31 O sobrevivente

No dia 13 de outubro de 1972 houve uma tragédia na cordilheira dos Andes, no Chile, quando o avião Fairchild F-227 da Força Aérea Uruguaia caiu matando a maioria dos seus ocupantes e tornou-se assim um dos maiores acidentes aéreos do mundo. Virou até filme com um componente macabro: os sobreviventes tiveram de comer carne humana, não havia nenhuma alternativa. Passados

35 anos, um dos 13 sobreviventes, Fernando Parrado, resolveu falar depois de escrever em colaboração com o jornalista norte-americano Vince Rause, o livro "Milagro em los Andes".

Em princípio, o autor não gosta de dar entrevistas: "Confesso que não tenho grande simpatia pelos jornalistas. O jornalismo, sem exceções, é profissão de carniceiros. Além disso, o que eu tinha a dizer sobre o assunto, disse em meu livro", registrou o repórter Pablo E. Chacón, do Portal Terra Magazine.

Houve, de fato, muito sensacionalismo sobre os sobreviventes. Canibalismo ainda é tabu. Mas para o entrevistado, esse sensacionalismo é em sua opinião, "a essência do jornalismo". Para deixar de dar entrevistas é que ele diz ter resolvido escrever o livro.

Naquela manhã da tragédia, Parrado conta que foi impulsionado a caminhar para o oeste, a mesma forma que levaria alguém a pular de um edifício em chamas. Sua mãe e sua irmã morreram e foram enterradas com um montículo de neve. A partir deste momento, tudo foi vertigem: "Foram dez dias no limbo ou no inferno".

Ele estava debilitado, estressado e consumido pela angústia, a mais de 3 mil metros de altura e sem equipamento adequado de um alpinista, sob uma temperatura devastadora: "Meus batimentos cardíacos dispararam, o sangue ficou espesso, a frequência respiratória se acelerou até a hiperventilação e a umidade que perdia ao expulsar o ar o desidratava. Estava com sede o tempo todo. Não havia gelo que saciasse. Privado de orientação segura, tudo se reduzia a escalar e viver, ou tropeçar e morrer".

Mesmo com toda adversidade o entrevistado hoje reconhece:"Jamais estive tão concentrado. Minha mente, minha cabeça, nunca mais voltou a experimentar uma conexão tão íntima com minha animalidade. Não sei como dizer isso, mas me esqueci de mim mesmo. Eu não era eu. Eu era a minha família e todos os amigos que esperavam. Perdi o medo (estava aterrorizado). Perdi o cansaço (estava esgotado). Era um desejo, um desejo de escalar, atravessar a montanha, descer à planície. Foi um momento único, inesquecível."

Antes de despertar e descobrir que o avião que levava sua equipe de rúgbi para jogar um amistoso no Chile havia caído, Fernando passou três dias inconsciente. Foi um dos 13 sobreviventes resgatados.

No dia 22 de dezembro um tropeiro avistou duas figuras esqueléticas à beira de um rio de montanha, ele e Roberto Canessa. Foi aí que ambos souberam que as buscas pelo avião desaparecido haviam sido suspensas, que eles haviam sido dados como perdidos e que não contavam mais para o mundo.

Parrado hoje vive em Montevidéu, Uruguai, com a mulher e duas filhas. É produtor de televisão e faz palestras sobre sua experiência e formas de enfrentar os contratempos, o inferno em vida a que se submeteu.

PERDEU O MEDO, ESTAVA CANSADO E ATRAVESSAR MONTANHAS E DESCER À PLANÍCIE ERA SÓ O QUE DESEJAVA NESTA BATALHA INGLÓRIA

32 Notícias dos Países Baixos

Desde que teve noção de que precisava trabalhar para viver, o jornalista cearense Bérgson Farias viu que nas praias poderia faturar algum trocado se fizesse algo voltado para os inúmeros turistas que viajam de todo o mundo para conhecer a bela Fortaleza.

Pesquisou uma série de dados turísticos para oferecer, saber onde levar os estrangeiros, como se comunicar com eles. Virou guia turístico, o que em troca, além de ganhar o pão de cada dia, também aprendeu algumas línguas.

Formado em comunicação, passou pelas emissoras de televisão, rádio, jornal e fez assessoria de comunicação para uma associação de criadores de aves. Certa vez teve a ideia de organizar um curso sobre comunicação e me convidou. Ele mesmo se encarregou de tudo, desde postar os convites até lotar o auditório. Nesta época me contou que nos fins de semana fazia uma espécie de retiro, ia para uma pedra onde aguardava, com outros nordestinos, o pouso de um disco voador.

Como Tim Maia, ficou cansado de esperar a vinda de extraterrestres para se comunicar com eles. Com os pés no chão, dedicou-se a escrever uma coluna na internet voltada para a chamada terceira idade. Como não estava dando resultados imediatos em termos financeiros, pensou em algo mais prático: abriu um salão de beleza, o primeiro da série.

Em vez de voltar a viver de serviço aos turistas, ele decidiu fazer o inverso do que fazem os clientes e viajou. Deixou os salões aos cuidados da mãe e de uma irmã.

Hoje ele vive nos chamados Países Baixos da Europa: Nerdelands, Holanda, mais precisamente Amsterdã. E, através de mensagem eletrônica, me pergunta se tem algum veículo que queira um correspondente na Europa. Ele quer em troca apenas dar entrada nos papéis de visto e uma grana no final do mês, é claro.

Se houver interesse de algum veículo por um bom correspondente brasileiro na Europa é bom fazer contato. Vai ser bom saber o que acontece nos países europeus na visão de um grande brasileiro.

33 Sigilo das fontes

A queda de um ministro de Estado e de um presidente da Caixa Econômica Federal atribuídas a um caseiro que teve o extrato de sua conta corrente exposta por uma revista semanal e o nome da presumível fonte revelada por outra revista concorrente trouxe o tema novamente à discussão. Pode-se revelar as fontes mesmo obrigado por medida judicial? É ético contar quem passou os dados quando essa pessoa pediu absoluto "off" - no jargão jornalístico a preservação da fonte?

Outro dia viajei para um Estado e por coincidência o hotel onde fiquei hospedado era vizinho do ex-governador. Se tivéssemos a capacidade de olhar a história folheando os livros de trás para frente certamente tomaria mais cuidado com a autoridade em questão, uma vez que ele foi banido da vida pública por corrupção. Mas nem sempre é assim.

O que sabia na época era que o então senador da República era procurador do Estado, ou promotor em segunda instância. Um homem acostumado a acusar no banco dos réus.

Este senador pertencia a uma comissão que pretendia convocar o presidente da República por improbidade administrativa. Um presidente não vai ao Congresso simplesmente por vontade de alguns parlamentares. Há todo um ritual para que isso aconteça e as barreiras são quase intransponíveis. Com a lei 10.707 na mão que mostrava em seu gabinete, o senador contou que pretendia se valer de um dispositivo legal para convocar o presidente da República. Disse que o faria e que eu poderia publicar, desde que não revelasse a fonte. Confiei em sua palavra.

Foi manchete de domingo no jornal. No dia seguinte, outro diário concorrente publicou entrevista com a mesma fonte, só que desta vez não mais em "off", mas ele assumiu para dizer que nunca, em hipótese alguma, havia pensado em convocar a mais alta autoridade do país.

Viajei para Brasília na segunda-feira pela manhã e procurei o senador que havia quebrado o sigilo. Primeira pergunta: "E agora, chefe, o que vamos fazer?" – perguntou. "Vamos não, cara pálida, o que o senhor pretende responder?", devolvi.

Foi palavra contra palavra, mas o editor disse que só tinha duas opções: ou desmentia a minha reportagem e também o autor seria demitido ou publicaria os fatos como eles se deram. Tive de contar que meu informante tinha sido aquele parlamentar com detalhes de nossa conversa. Manchete do mesmo jornal no dia seguinte: "Senador diz que não disse o que disse".

É verdade que ele ainda tentou outros meios para desqualificar a reportagem e mandou um assessor à redação do jornal, mas não colou. O rapaz contou que não havia presenciado o encontro do repórter e a fonte.

Preservar a fonte é antes de tudo manter a boa qualidade do jornalismo.

É CERTO CONTAR QUEM PASSOU OS DADOS, REVELAR OS AUTORES ATÉ ENTÃO OCULTOS OU MANTÊ-LOS SOB SIGILO?

34 Palhaços

O lançamento de um carro novo é sempre uma festa para as montadoras por envolver uma série de públicos que dependem e vivem das novidades no mercado. Em si mesmo, o assunto não precisa de tanto esforço de comunicação, porque não só a indústria passa a ser a estrela do momento como a mídia, sempre ávida por produtos novos disponíveis, também passa a fazer o que se chama de tráfego de mão dupla, uma procura a outra e todos ficam felizes. Mas a prática não é essa e é preciso fazer um bom planejamento para que tudo dê certo e sejam vencidos os desafios relevantes. Recentemente a Fiat lançou o modelo Doblò entrando assim no mercado de multivans compactas, mas a Renault Kangoo e a Citroën Berlingo já estavam na praça com certa resistência dos consumidores. E o que a Fiat fez? Fez o que se chama de ação integrada de comunicação, reunindo as áreas de publicidade, marketing, imprensa, comunicação interna, promoção e merchandising. E onde se deu tudo isso? Na Pousada do Rio Quente em Goiás, reunindo não apenas jornalistas e concessionários, mas também seus familiares, somando 2.000 pessoas que foram para lá em 20 voos fretados. Para animar a festa foi montado um circo. A entrada de um grupo de palhaços foi saudada pelas crianças. Um palhaço novato pisava no picadeiro de um circo pela primeira vez. As crianças se divertiram tanto que nem notaram. Ao final do número o palhaço removeu a maquiagem e revelou sua identidade para o distinto público. Os jornalistas tomaram um susto e a equipe Fiat mais ainda. A revista Autodata registrou: "Marco Antonio Lage, diretor de comunicação corporativa da Fiat Automóveis parece não ter limites para cumprir ou até superar sua missão de comunicar e manter bom relacionamento com a imprensa.

O episódio está contado nas palavras do próprio Marco Antonio Lage, diretor de comunicação corporativa da Fiat Automóveis no livro "Comunicação empresarial – estratégia de organizações vencedoras", obra de Paulo Nassar e Luiz Márcio Ribeiro Caldas Júnior, que acaba de sair pela Aberje.

Durante o lançamento do Fiat Doblò fez o que poucos, muito poucos, fariam: vestiu-se de palhaço para participar de show circense destinada a uma centena de jornalistas e seus familiares. Nem mesmo sua equipe sabia da ideia, revelada apenas sobre o palco, quando Lage interrompeu a estripulia dos profissionais e tirou a peruca para agradecer os convidados. Inspirado pela inovação do seu diretor, o superintendente da empresa, Gianni Coda, repetiu a dose dois dias depois e surpreendeu os concessionários ao reger um coral de palhaços.

35 Dúvidas e certezas

A plateia estava animada naquela noite. O tema do debate era um desses assuntos que os organizadores tiram dos jornais e que agradam os alunos. O auditório de uma das faculdades de comunicação de Mogi das Cruzes, próximo a São Paulo, fervia - só para usar a linguagem da época. Em certo momento, um dos convidados, que dividia a mesa comigo, disse algo a respeito de fato envolvendo outro curso, de Medicina, que a responsabilidade era maior do que o de Comunicação porque o médico pode matar. Foi aí que discordei e a plateia foi ao delírio.

A comunicação também mata, disse com a certeza de dezenas de anos fazendo jornal e expondo, portanto, a figura de pessoas em público, quer elas concordem ou não. Aliás, em meio de tantas pesquisas estampadas nos jornais não se conhece nenhuma delas perguntando o que pensam as vítimas da mídia.

Expliquei melhor a minha tese, lançada na plateia que a partir das dez da noite já começava a se esvaziar. Entendi o porquê disso: muitos estudantes se utilizavam de um trem que saía de hora em hora e temiam chegar em casa somente no dia seguinte. Um jornalista pode cometer os mesmos erros que um médico, a diferença é que o paciente, no caso o entrevistado, não está no leito hospitalar. Um simples erro pode prejudicar a pessoa para toda a vida. Pode se tornar algo irreparável.

Muitas vezes a Justiça mantém uma pessoa presa por causa da opinião pública. Mesmo que esta pessoa não tenha praticado um grande delito, não tenha feito grandes coisas mesmo assim ela é condenada. Há leis para casos em que a pessoa se sente prejudicada, lembrou alguém. É certo que há os famosos processos por difamação, injúria e calúnia. Está bem. Mas sabemos também que há outra morte, a moral, e para esta não há paliativo. Uma vez condenada, a pessoa pode se considerar clinicamente morta.

Exposta à opinião pública a pessoa pode ser ao mesmo tempo acusada, julgada, condenada e presa sem direito a defesa. Moralmente ela não vai encarar mais ninguém, nem repartir suas migalhas com outra pessoa. Estará condenada a vagar para sempre sozinha, feito um zumbi, pelo inferno por séculos e séculos.

36 Adeus às ilusões

Faz tempo que não vejo a repórter de televisão com quem conversava horas a fio quando batalhava na rua e tínhamos tempo enquanto esperávamos alguma fonte a ser entrevistada. Só a vejo pela telinha. Soube em vários cursos que dei para empresários que a colega dava aulas em uma das faculdades no período noturno. Até aí nada demais, só que me contaram que ela dizia com muita ênfase que as alunas poderiam desistir se sonhassem em um dia entrar na poderosa Rede Globo de Televisão. Motivo? Pelo que soube pelas suas alunas, o que ela argumentava era que naquela organização tudo era muito "difícil" e que vencer a barreira era algo "impossível". A não ser que a aluna fosse tão extraordinária a ponto de não ser deste planeta.

Vi que a repórter e professora também mudou de emprego. Saiu da poderosa emissora e foi para outro canal, depois passou para a concorrente e, se não estou enganado, ela está no terceiro emprego de sua vida. Não sei se continua dando aulas e desencantando seus alunos.

Todos os domingos eu fazia um programa sobre comunicação na rádio Bandeirantes e conversava com algumas colegas em início de carreira que faziam a função de radioescuta, uma espécie de porta de entrada na profissão. Elas também liam os boletins com informação de estrada ou algo extraordinário e, talvez por isso, ou pelo fato de também ser um eterno caçador de notícias foi que mantive amizade com muitas delas. Uma das meninas um dia se despediu de nós. Estava de malas prontas para começar na poderosa Rede Globo de Televisão, migrava de emissora ainda que para exercer a mesma função. Foi na esperança de um dia ser promovida. E foi. Semanas mais tarde eu a vi olhando para a câmera com o microfone na mão em um dos telejornais da manhã.

Dia desses falei para alunos do sétimo semestre do curso de comunicação do Mackenzie. O aluno Gabriel Louback foi quem teve a ideia de me convidar, e para isso levou meu nome para a professora de administração em comunicação que prontamente aceitou e, no final, me presenteou com um belo certificado. Fui conversar com a classe de 50 alunos. A maior preocupação dos alunos era com o futuro profissional, afinal era para isso que eles estavam naquela sala.

Alguns alunos contaram que empresas têm oferecido vagas. Fiquei contente, pois sei que vigora ainda a antiga prática de só empregar profissionais da área quando formados, não há estágio obrigatório, a não ser que isso aconteça na própria faculdade. Mas o que veio a seguir foi lamentável. As alunas contaram que se decepcionam ao procurar as tais vagas. É que os empresários ainda acreditam que podem estar contratando profissionais de comunicação a preço de banana, porque as vagas que eles oferecem são de recepcionista, vendedora e na área de telemarketing. Simplificam tudo ao considerar que comunicação é falar bem, ser simpática, bonita e, quem sabe, oferecer uma mercadoria em falta no mercado, ilusão. Portanto, disseram elas, adeus às ilusões.

37 Vale a pena ser jornalista?

Pai de adolescente me procura, diz que o filho único e querido resolveu ser jornalista. Conta que o garoto adora futebol, que assiste a todos os programas em que se discute em uma mesa redonda o popular esporte e que ele será repórter de campo. Com tudo isso só lhe resta uma dúvida que é sempre cruel: será que vale a pena investir quatro anos em uma faculdade para que o menino chegue a uma redação?

Outra dúvida, demonstrada por outro jovem, vai mais além ao questionar o que se convencionou chamar de o fim do emprego. Atrás de um balcão de uma agência dos correios o atendente põe sua dúvida em questão: hoje, observa, não há mais emprego em redação de jornal, ele eventualmente só arrumará colocação em assessoria de comunicação. Quem lhe contou esta mentira? Quem disse que as redações de jornal estão saturadas e que as assessorias empregam o que resta deste contingente perdido, sem rumo e sem nenhuma perspectiva no conturbado mercado de trabalho?

Ao iniciar a profissão há mais de três décadas ouvi a mesma lamúria. Ao escutar tantas vozes agourentas e se acreditasse nelas poderia pensar que estava condenado ao fracasso. Não tinha nenhuma chance, o mercado estava saturado, nunca dariam oportunidade para iniciante. A desculpa é a de que a pessoa é um iniciante, passa o tempo e ela já apresenta outro problema, torna-se um profissional experiente, não dá para viver de piso salarial, complicou.

Ao pai aflito digo que deixe seu filho seguir o rio, ou seja, que ele encontre seu caminho e seja feliz. Pode ser que ele nem queira ser jornalista, quem sabe o gosto pelo esporte o conduza à educação física ou fisioterapia.

Ao balconista que pensa em se tornar repórter e não assessor de comunicação diria que não fique aflito, há tempo ainda para ele se preparar e o caminho é entrar em uma faculdade de comunicação. Sou daqueles profissionais que considera as faculdades imprescindíveis para uma boa formação, em qualquer área. O rapaz terá de estudar durante quatro anos e, quem sabe, consiga algum estágio e entre para a área antes mesmo de se formar. Se ele gostar mesmo de uma redação de jornal, que tente acompanhar o dia a dia nervoso desses ambientes. Ou, se não gostar de assessoria de comunicação, que nem entre porque vai começar pela porta errada. Hoje não há mais lugar para pessoas excluídas que tentam apenas se encostar. Há muita gente que faz assessoria odiando o trabalho, nesse caso aconselho essas pessoas a tentar outro caminho. Há muito tempo assessorias de comunicação competem em nível de igualdade com outras áreas em empresa, são extremamente ágeis e dão resultado na prática, demonstrado no setor que se considera vital neste mundo empresarial, a diretoria financeira. Comunicação em outras palavras passa a significar resultado.

JOVENS FICAM INQUIETOS DIANTE DE UM DILEMA, AFINAL NÃO SABEM SE INVESTEM NA PROFISSÃO, SE HÁ MERCADO DE TRABALHO

38 Camaleão

O professor norte-americano andava pelas ruas dos Jardins, em São Paulo, com um binóculo observando os pássaros, se intitulava ornitólogo e dizia conhecer toda a fauna brasileira. De vez em quando conferia as cores em um livro desses enormes, encadernados, que ficam em salas de espera, com o título Birds of Venezuela, Pássaros da Venezuela, um pouco longe de onde ele estava, é verdade.

Ao contrário do observador tranquilo, nunca vi pássaro em ninho, descansando ou mesmo dormindo, talvez por viver a maior parte do tempo na cidade. Pássaros costumam se camuflar, se apropriam da cor dos ramos das árvores escolhidas para seu merecido descanso.

Mas, bicho especialista em camuflagem é o camaleão. Popularmente se pensava que os camaleões usavam a mudança da cor para passarem despercebidos. Um estudo publicado na revista Plos Biology mostra que, na realidade, os camaleões usam a mudança de cor para chamar a atenção. Os répteis variam de cor por várias razões: comunicação, camuflagem e controle de temperatura.

Pesquisa da revista sugere que os camaleões desenvolveram a habilidade para avisar algo, afastar rivais e atrair parceiros, e não para se "misturar" com ambientes diferentes.

Equipe chefiada pelo professor Devi Stuart-Fox, da Universidade de Melbourne, na Austrália, analisou a mudança de cor de 21 espécies de camaleão-anão do sul da África, os Bradypodian spp, para fazer comparações e considerar relações evolutivas. Como os camaleões têm um sistema diferente do humano, um tipo de cone sensível aos raios ultravioletas, eles tiveram de identificar primeiro o que os animais estavam vendo.

Stuart-Fox conta que "se um macho é desafiado por outro, ambos começam a exibir suas cores mais brilhantes até que um percebe que o outro vai vencer e muda para uma cor submissa, escura". As mudanças de cor mais dramáticas foram usadas para sinalizar socialmente para outros a presença de predadores.

O professor descobriu ainda que os camaleões que mais mudam de cor são os mais interativos do grupo. Até nisso os répteis se parecem com os humanos.

Para difamar os assessores de comunicação o pessoal de redação costuma dizer que aí é que estão os seres mais, digamos, camaleônicos possível. Ou seja, ao trabalhar em assessoria, os profissionais costumam mudar de cor conforme a situação, a circunstância. É uma injustiça. Em qualquer ramo da comunicação isso acontece, hoje até incentivado pelas corporações. Um dos princípios incentivados diuturnamente tem sido o de "vestir a camisa da empresa" e isso de qualquer ramo de atividade. O que significa que se alguém não fizer o jogo da empresa, estará fora do jogo.

Os camaleões, na verdade, têm muito a nos ensinar.

39 Batman

Batman, o herói dos quadrinhos criado por Bob Kane, tinha como missão acabar com o crime em sua cidade, Gothan City, perseguindo os bandidos dia e noite. O herói foi reciclado com o tempo, tanto no seu visual com a capa hoje de microfibra como, digamos, interiormente com seus problemas existenciais. Quando não está lutando contra os cruéis inimigos, Bruce Wayne, o persona do herói se dedica à filantropia. É um homem rico que age à luz do dia com propósitos, digamos, mais nobres do que simplesmente ganhar dinheiro, como quer grande parte dos clientes das assessorias de comunicação. Seus adversários como o Coringa ou o Duas Caras chegam a dizer que ele no fundo também é um ser problemático, uma vez que tem de lidar com sua dupla personalidade.

Durante o dia os morcegos hibernam e à noite, como o herói dos quadrinhos, eles saem à caça de comida, namoram, se divertem, lutam, enfim, vivem.

Os animais que inspiraram a figura dos quadrinhos que resiste ao tempo podem ter alguma função além daquela de causar asco a quem os vê, horrendas criaturas que inspiraram outro personagem voador, o Drácula? A realidade mais uma vez se curva à ficção. O repórter Carlos Albuquerque, de O Globo, descobriu um novo Batman, agora uma espécie de paladino contra o desmatamento, coisa que os criadores do herói provavelmente nunca imaginaram. Cientistas da Universidade Estadual Paulista e da Embrapa Florestas desenvolveram uma técnica para o reflorestamento das regiões degradadas, que envolve morcegos frugívoros e sementes de espécies pioneiras, fundamentais para a reestruturação desses ambientes. Graças aos morcegos, tais locais podem ser transformados em áreas verdes novamente.

Como percorrem grandes distâncias e se alimentam de plantas pioneiras, necessárias para a recuperação de uma área alterada, os morcegos frugívoros são exímios plantadores de florestas. A razão disso, explica o biólogo Gledson Vigiano Bianconi, da Unesp, um dos idealizadores da técnica, é que eles liberam grande quantidade de sementes por meio de suas fezes, e isso em pleno voo.

Espécies dos gêneros Artibeus, Carollia e Sturnira foram então atraídos pelas áreas degradadas da Mata Atlântica através da utilização de pedaços de borracha, impregnados de substâncias extraídas de frutos mais consumidos pelos morcegos.

Pesquisadores colocaram as armadilhas em áreas utilizadas anteriormente como pasto e agricultura. Depois, avaliaram a chuva de sementes, o processo de deposição por meio das fezes dos animais, que é obtida por meio de coletores, estruturas plásticas contendo redes de malha bem finas, instaladas onde estão as iscas.

O desafio é: os cientistas podem atrair morcegos frugívoros utilizando como isca o cheiro de seus frutos preferidos? Mantendo esses animais em voo sobre áreas degradadas eles poderiam acelerar o processo de recuperação, graças à grande quantidade de sementes usualmente liberadas por eles.

Entre os principais beneficiários da técnica, em função do custo reduzido, estão os pequenos proprietários rurais, importantes para a economia do país. Ela poderá também se constituir em ferramenta de trabalho para órgãos ambientais estaduais e nacionais de preservação ambiental. Silencioso, o voo do morcego passou a ter propósitos mais nobres do que simplesmente caçar comida - prolongar a vida das florestas.

40 Cachorros

"Adestramento sem maltratar os cães", anunciava a placa traseira de uma perua. Como os instrutores conseguem a proeza, não sei. Mas vou confiar que eles sejam politicamente corretos. Isso porque entendo que ninguém precisa ou merece maus tratos e que cachorro também é gente, como proclamava um ministro do Trabalho, Antônio Rogério Magri.

Vivi dias piores, quando cachorros tinham nome e sobrenome. Era o que se chamava pedigree. Em plantões de fim de semana todo mundo cobria todos os assuntos. Em um deles fui a um desfile canino, o chefe de reportagem distribuiu várias pautas e disse que essa era só passar no Kennel Club e pegar o resultado. Fui em busca de uns papéis datilografados com nome dos cachorros ganhadores e de seus respectivos donos. Claro que não assisti ao desfile canino. Nem ouvi latido algum. Apenas procurei os organizadores que me entregaram umas folhas com o resultado do concurso. No jornal havia ordem de dar os nomes precedidos com um pomposo e solene Sr. Por exemplo, se ele se chamasse Rubens Fortes teria de escrever Sr. Rubens Fortes.

Na segunda-feira um colega que também participava de vez em quando desses torneios - levando seus cachorros - avisou que eu tinha trocado as bolas. Em vez de donos dos cães eu publiquei os nomes dos bichinhos e em vez do nome dos quadrúpedes eu tinha anunciado os nomes dos bípedes que, evidentemente, não foram os vencedores. Que confusão dos diabos. Como este colega era o único interessado na notícia, não houve maiores problemas, desses que atormentam a vida dos repórteres, os chamados pedidos de correção da matéria. Não tem coisa pior do que ser contestado, ainda que somente por correspondência via correio ou internet porque isso mostra que houve alguma falha na apuração ou na redação da notícia. Pior ainda é quando o documento acaba na Justiça. Mas não foi o caso da nota do concurso de cães porque ninguém tocou no assunto por não terem lido ou simplesmente ignorado.

Consta que um dono de revista tinha alguns cães e batizava as feras com nomes de inimigos. Era uma forma de se vingar, ao menos simbolicamente. Só que quando a gente tem um cachorro seria normal batizá-lo com o nome de um amigo, nunca de alguém que a gente não goste. Ou que odeie, como era o caso deste magnata da indústria gráfica e editorial que, segundo consta, destilava veneno em cada frase ao se referir aos inimigos, ou ao chamar os cachorros que o cercavam.

Herman Hesse lembrou que tinha um amigo que foi obrigado a dar o cachorro. Levaram o bicho a cinquenta quilômetros de sua casa. O cachorro fugiu e voltou, encontrando o caminho, a trilha. Isso é mágico, dizia o grande escritor, ele também um grande mágico.

O caso do então ministro Magri foi apenas um erro de interpretação, claro. Ele utilizou uma perua Kombi para levar sua cachorra ao médico. Foi um banzé danado na vida dele, em plena era Collor. Por mais que tentasse, o sindicalista alçado ao posto de ministro do Trabalho e da Previdência nunca foi devidamente ouvido para que se esclarecesse de vez a confusão. Ao ser criticado, Magri explicou que tratou sua cadela com todo carinho possível e ao seu alcance, afinal – disse – cachorro também é gente. Na tentativa de se explicar, e não tendo espaço na mídia para tanto, o então ministro entrou para o mundo do folclore político, como também foi eternizado pelo dicionarista Antonio Houaiss que legitimou o termo usado sempre por ele: "imexível".

NORMAL É BATIZAR NOSSOS CÃES COM NOMES DE QUEM GOSTAMOS, MAS HOUVE QUEM CHAMASSE SEUS BICHOS PELOS NOMES DE INIMIGOS

41 Macacos

Pesquisadores acabam de descobrir na Amazônia mais uma espécie de macaco brasileiro. Trata-se do primata do grupo dos uacaris. Ele foi encontrado na região do Pico da Neblina, no norte do Amazonas, próximo à fronteira com a Venezuela. Como acontece em casos assim, a descoberta não virou notícia na mídia, houve apenas pequenos registros em revistas especializadas. Nem bem foi registrado, o animal já pode ser considerado em situação de vulnerabilidade, alerta Marcelo Marcelino, chefe do Centro de Proteção dos Primatas Brasileiros, do Instituto Chico Mendes.

"Além do desmatamento, há outros fatores de pressão sobre a espécie. A caça é também um fator preponderante de ameaça aos primatas da Amazônia, principalmente para aquelas com distribuição restrita, como é o caso desse uacari. É uma forma de pressão mais complexa do que o desmatamento, porque não é possível enfrentá-lo apenas com operações de fiscalização", explica o pesquisador.

O anúncio da descoberta do primata foi feito pelo biólogo brasileiro Jean-Phillippe Boubli, atualmente lecionando na Universidade de Auckland, na Nova Zelândia, na revista Internacional Journal of Primatology.

Normalmente, os uacari habitam regiões alagadas da floresta, nas margens dos rios. Costumam viver em grandes grupos, alguns com centenas de indivíduos. Eles são animais sem pelos na face, têm cauda menor do que o comprimento do corpo e unem-se ao rol dos animais mais estudados do mundo. Mas, por habitar em área pequena e ser alvo de caça predatória, o macaco já pode ser considerado ameaçado de extinção.

Coincidentemente, a Fundação Parque Zoológico de São Paulo comemora 50 anos de existência. Mantido pelo governo do estado de São Paulo, o parque ocupa área de 824.529 m2, cercado pela Mata Atlântica. Hoje vivem ali 3.500 animais, cerca de 3.200 em exposição, de 450 espécies diferentes, entre mamíferos, aves, répteis, anfíbios e invertebrados. O animal mais famoso foi o rinoceronte Cacareco, que nas eleições de 1959 teve votos suficientes para se eleger vereador na cidade: 90.000 votos. Até hoje há pessoas que em época de eleição ao verem os votos de protesto taxam o ato como "voto cacareco".

Mas foi um macaco prego que registrou a fuga mais espetacular de todos os habitantes do zoológico paulista. Macacos pregos vivem em ilhas e não fogem porque morrem de medo de água. Um cisne desavisado passou por ele, que se agarrou no pescoço e voou assustado para terra firme. Depois foi recapturado para alegria e encanto de muita gente.

Outra data importante, coincidentemente, também é comemorada. A Lei de Crimes Ambientais – batizada de Lei da Vida – chegava ao décimo aniversário sem alarde. Sancionada em 12 de fevereiro de 1998 e, em vigor desde 30 de março daquele ano, a aplicação desta Lei está ainda longe dos princípios de prevenção e educação apregoados à época. O desembargador Murta Ribeiro defende a aplicação de penas alternativas para os chamados crimes de menor potencial ofensivo. Muitas vezes a prisão não é a única solução, diz ele, é melhor obrigar o criminoso a fazer, por exemplo, serviços de jardinagem. Já a desembargadora aposentada Maria Collares conclui: "Para mim, a poluição da água de forma consciente tem de ser inafiançável, porque põe em risco todos os seres humanos. Se o elo da corrente se parte, toda a cadeia fica comprometida". É isso.

42 Viola e pão

Nova, bonita, iniciante na carreira, uma vontade enorme de vencer, de repente ela se deparou com um cliente que considerou "especial" em sua empresa, um desses rapazes sarados, bonitões, galantes, "o homem" – como ela se referia com entusiasmo sempre que falava dele.

Ao ser apresentada ela lembra que falaram pouco. Ela quis conhecê-lo melhor, era prudente que assim o fizesse, senão como poderia imaginar uma pauta para oferecer à mídia em geral?

Sempre ocupado, o artista desmarcava as reuniões, alegando que tinha compromissos por todo o País. Nunca tinha tempo para tratar deste assunto especificamente e que se ela quisesse de fato um encontro, que esperasse. Tenha a santa paciência.

Certo dia eles se encontraram em um coquetel e conversaram rapidamente. Marcaram um dia para se encontrar. No primeiro encontro ele levou um presente para ela, coisa sem importância em termos de gastos, mas certamente expressando algum significado simbólico. Foi o suficiente para ela imaginar coisas. Teve uma sensação de estar diante de um futuro ídolo. Não chegaram propriamente a conversar. Ela falou mais do que ouviu.

Ela percebeu que ele queria chegar ao estrelato como em um passe de mágica. Queria ir para o céu sem ter morrido. O rapaz tinha feito curso de teatro, sabia representar, não havia conseguido grandes coisas no palco, só algumas pontas em teatro, mas nada de especial. Sua meta agora era mostrar a cara na televisão e ser artista global, percorrer o planeta e ganhar o mundo.

Nova reunião, só que desta vez ele falou mais do que ouviu. E ela fez o caminho inverso: ouviu, apenas escutou o que ele tinha a dizer – que era pouco ou, para ser mais preciso, absolutamente nada. O rapaz era vazio, cometia erros crassos de português, ela gravou na memória dois deles: "pobrema e estrupo". De fato, não tinha nada que pudesse fazer a assessora de comunicação extrair uma pauta. Bem que ela tentou outras reuniões, pensou em submetê-lo a um media training como fazia com executivos de multinacionais com quem estava acostumada a tratar, só que chegou à conclusão de que tudo isso seria inútil. Ela havia virado e revirado o cliente pelo avesso e nada. O problema dele era de formação. Não poderia nunca tirar leite de pedra.

O que fazer neste caso? – ela perguntou mostrando fotos e vídeo para os colegas de empresa e houve uma unanimidade. No dia seguinte, por celular, ela cancelou o contrato. "Por fora bela viola, por dentro pão bolorento", repetia ao rasgar as fotos e jogar o DVD no lixo.

43 Partidarismo

Saber qual a linha editorial de cada jornal é uma das tarefas primordiais de todo assessor de comunicação. O jornalista e escritor Renato Pompeu autor, entre outros, de "Quatro

Olhos", iniciou sua carreira quase 5 décadas atrás. Ouvido por Ana Luiza Moulatlet do Portal Imprensa ele fez uma análise precisa dos jornais: "Desde o início da minha carreira, há 48 anos, a principal mudança foi no tipo e na extensão do partidarismo da imprensa. Em 1960 ainda vigorava o modelo europeu, com os jornais defendendo cada um o seu partido político específico. Assim o Estadão era udenista, a Última Hora petebista, O Dia ademarista. A Hora janista, o Notícias de Hoje comunista. Só a Folha era apartidária e neutra. Com exceção da Última Hora, a grande imprensa foi maciçamente pró-golpe e defendeu o regime militar (1964-1985), no decorrer do qual só alguns órgãos – Estadão, Jornal da Tarde, Veja, O São Paulo, Opinião, Movimento e não lembro mais nenhum – sofreram censura."

E no momento atual? "Hoje, os jornais seguem o modelo americano, aparentemente apartidário mas, na verdade, cada jornal constitui um partido político específico, com interesses próprios. A Folha defende os interesses da empresa Folha, a Veja as da Abril e assim por diante. Além disso, quando comecei a opinião do jornal só se expressava nos editoriais, hoje se expressa praticamente em cada matéria, mesmo nas noticiosas. Também antes o artigo assinado expressava a opinião da pessoa que assinava. Hoje, a maioria dos colunistas defende a opinião dos donos do órgão em que trabalha e não a sua própria".

O entrevistado lembrou que o cientista político francês Régis Debray – que foi companheiro de guerrilha de Che Guevara na Bolívia e passou anos preso e depois conselheiro do presidente François Mitterrand – é que constatou que antigamente o diretor de redação dizia: "Opa, vamos dar já isso, ninguém está falando nisso". Hoje o diretor de redação diz: "Ora, isso não vamos dar, ninguém está falando nisso".

"Acontece – diz ainda – que antes se dava valor à novidade, ao desconhecido, e hoje se reprisa a mesma coisa, por razões mercadológicas, já que grande parte do público se interessa muito mais pelo que já conhece do que pelo que não conhece. Aqui devemos comparar com o médico: o médico deve dar o tratamento que o paciente precisa ou o tratamento que o paciente quer? O jornalista deve dar a informação de que, com sua experiência profissional ele sabe que o público necessita ou a informação que o público quer?"

A Internet mudou o jornalismo? Quais são as principais contribuições da Internet? Para o jornalista que respondeu a inúmeros processos e que foi preso nos tempos da ditadura, as principais contribuições da Internet são a multiplicidade de fontes e a interatividade entre fontes e o público: "As técnicas de apuração e de redação estão se desenvolvendo cada vez mais, mas cada caso é um caso e às vezes a facilidade da tecnologia implica num comodismo prejudicial à qualidade da informação. Continua sendo importante o repórter cobrir pessoalmente os acontecimentos".

Que conselhos Renato Pompeu daria para alguém que está começando no jornalismo? "1) abandonar imediatamente a profissão e escolher outra; 2) Se não for possível isso, procurar se estabelecer por contra própria na Internet, com patrocínio próprio que não interfira na sua independência; 3) Se isso também não foi possível, procurar manter a dignidade profissional e preparar-se para uma vida de sacrifícios".

44 O poeta

Liguei para Carlos Drummond de Andrade, trabalhava na editoria política da revista Veja, participava de matéria sobre o jogo do bicho. Quem atendeu foi o próprio poeta que tinha voz de menino, ele quis saber o assunto e respondeu que nunca havia pensando sobre isso. O poeta revelou nunca ter feito jogo ou arriscado palpite em sua vida e que o desculpasse pela franqueza, mas preferia ficar de fora da matéria. Não queria que vinculasse seu nome em um tipo de assunto que não dizia respeito a ele. Poderia até ironizar, dizendo que eu estava procurando o Drummond errado, afinal foi um certo Barão de Drummond, sem ligação de parentesco com o poeta, que inventou o jogo do bicho como uma espécie de solução mágica para o zoológico do Rio de Janeiro que se encontrava à míngua. Mas não. O poeta simplesmente me convenceu de que ele não tinha nada a ver com o assunto.

Ligar para personalidades variadas para ilustrar certas reportagens sobre temas áridos como cláusulas pétreas na Constituição, por exemplo, era algo comum na revista. Por integrar a editora política, algumas vezes tinha de recorrer aos colegas que cobriam o setor de artes e espetáculos para obter o telefone de pessoas integrantes do chamado mundo artístico.

Em uma reportagem de que nem lembro mais o assunto, o editor queria que eu ligasse para atrizes de televisão. Fiz contato com meia dúzia delas. Passado algumas semanas, em um dos plantões que se arrastavam por noite adentro, estávamos em um grupinho citando os nomes de algumas atrizes de sucesso com Isabel, que cobria a área de televisão para a revista. Sou chamado para atender ao telefonema da moça que estava na linha, Maitê Proença. Todo mundo riu porque, por coincidência, estávamos falando justamente dela que não a meu ver não era a mais linda de todas como muitos achavam. Imagina a atriz ligando - ela mesma - pessoalmente, para quem não cobria a área em que atuava? Eu havia deixado um recado em sua secretária eletrônica e na época ela estava viajando. Voltou naquela noite, meses depois e, educadamente, deu retorno. Só isso. Mas o pessoal, a certa altura, parou de conversar e ouviu apenas eu dizer para ela que já não havia mais interesse em entrevistá-la, que ela perdera a oportunidade e que ficava para outra vez. Ou seja, aparentemente eu estava dispensando a atriz. Desliguei o telefone e, sob olhares invejosos, dei uma esnobada no pessoal afirmando que não era todo dia que fazia isso, não costumava descartar entrevistas de pessoas importantes ou bonitas. Não contei o que tinha acontecido ou o que na realidade havíamos conversado, afinal, a versão era mais interessante do que a verdade e ninguém ia mesmo acreditar no que, de fato, aconteceu, porque poderia ser apenas mais uma versão.

Na mesma revista certa vez perguntaram para o diretor de plantão o que aconteceria se os fatos fossem mais importantes do que a versão em que se estava trabalhando, ao que ele respondeu magnânimo: "Azar dos fatos".

SITUAÇÃO INSÓLITA ESTA DE LIGAR O NOME DE UM DOS MAIORES POETAS A UM RELES JOGO DO BICHO, ISSO NÃO PASSA PELA CABEÇA DE NINGUÉM

45 Ambiente atrai pouco

A temática ambiental tem pouco investimento por parte dos veículos, que preferem divulgar assuntos que atraiam mais audiência. Dois jornalistas gaúchos, Ricardo Azeredo (Ulbra TV) e Nilton Schüller (TVE-RS) discutiram a abordagem ambiental na mídia televisiva em evento promovido pela Fundação Gaia – Legado Lutzenberger, no auditório da Livraria Cultura de lá, com relato de Mariana Senderowicz, do portal Comunique-se.

A grande mídia ainda mantém sua cobertura muito focada em desastres naturais ou assassinatos de líderes ambientais, acusou Schüller. Azeredo e Schuller disseram também que a rotina das redações não permite grandes investigações acerca de temas ambientais, resumindo a cobertura diária a matérias superficiais. O que se vê, na maioria dos casos são jornalistas atuando por conta própria, identificando pautas ambientais e defendendo a cobertura com editores e chefes de jornalismo. Ou então produções que primam pela estética e deixam a desejar em apuração, como o caso do Globo Repórter.

Investigação feitas para documentários ambientais custam muito caro, o que leva a produção a priorizar aparências atrativas e, muitas vezes, ao adquirir pacotes com produções estrangeiras. Matérias mais aprofundadas demoram mais, demandam mais investimentos e trabalho redobrado.

Discutiu-se também a dificuldade de se apurar informações entre empresas de poder ou órgãos públicos. A TV pública não tem anunciante, mas existem os componentes políticos, que são muito fortes. Azeredo disse: "Os tempos são outros e não se pode mais conviver com aquele maniqueísmo de que qualquer construtora ou empresa de celulose é inimiga do meio ambiente. Cabe ao jornalista investigar o que está sendo feito em função do ecossistema e também mostrar que tais iniciativas são importantes para o desenvolvimento econômico".

Palestrantes e plateia concordaram que falta preparo e conhecimento por parte dos jornalistas que cobrem assuntos do meio ambiente. "A especialização está limitada a um ou outro veículo e a publicações científicas. De resto, verificamos pessoas que não buscam qualificação até por falta de hábito", disse Schüller. Azeredo comentou que a ausência de especialização está relacionada a fatores como baixo padrão cultural, qualidade do ensino universitário e falta de pessoas experientes nas redações. Muitos veículos cortam pessoas mais antigas simplesmente para reduzir custos, isso prejudica a qualidade do jornalismo e impede que os mais jovens aprendam com quem tem mais estrada.

A carioca Tânia Martins de Miranda, que atua há 15 anos na organização de grandes eventos disse que quando realiza palestras, seminários ou afins sobre o tema, tenta levar editores e repórteres especializados, mas segundo ela, o resultado "é um Deus nos acuda".

Al Souza, paulista, também nota uma falta de interesse enorme por parte de profissionais de comunicação que muitas das vezes tratam do assunto como um "modismo".

46 Matérias ambientais e preconceito

Duas profissionais experientes estão de acordo em um ponto: é muito difícil emplacar pautas ambientais. Vera Diegoli, editora do Repórter Eco da TV Cultura, e Miriam Leitão, colunista de economia de jornal, TV Globo e rádio CBN, fizeram queixas. Ambas foram vencedoras do prêmio de reportagem sobre biodiversidade na Mata Atlântica. Vera criou o programa que é de grande qualidade na televisão e Miriam escreveu reportagem sobre a preservação da mata em sua cidade natal, Caratinga, Minas Gerais.

"Tive de driblar os próprios colegas e mostrar que meio ambiente é importante. O programa Repórter Eco começou em 1992. Muitos achavam que era coisa de eco-chato, hippie de bolsinha... Sem puxar a orelha de ninguém, com o tripé ciência, tecnologia e educação, mostramos que existem soluções para as questões ambientais, e é possível explicá-las ao grande público", disse Vera Diegoli.

"Existe ainda uma voz, dos nossos próprios colegas, que a conservação ambiental é um entrave", completou Miriam. "Como se diz em economia, a Amazônia só tem upside; só se valoriza. A floresta não pode ser preservada só por poesia. Ela é linda e inspira, mas é preciso preservá-la por razões econômicas".

E como os temas aconteceram em suas vidas? Vera relembrou a trajetória do Repórter Eco, que começou motivado pela Rio-92 e um grupo de repórteres que discutiram a possibilidade de se ter um telejornal ambiental. Miriam disse que assinou a reportagem com o marido, o fotógrafo Sérgio Abranches, e que tudo começou quando um fazendeiro de sua terra, o coronel Feliciano, decidiu preservar a mata em metade da fazenda, isso em 1947.

"Meio ambiente vai permear todas as áreas de conhecimento e deveria permear todo jornalismo correto. Este é o assunto do Brasil e do futuro", comentou Vera. Miriam completou: "Assim como não existe uma democracia brasileira, não existe jornalismo ambiental. Existem sim, bom e mau jornalismo".

"Não temos ainda a visão na população de que meio ambiente é uma necessidade do futuro. Muitos veem como uma floresta distante, não algo que faz parte de sua vida. O desafio é investir em educação", sugeriu Vera. E Miriam completou: "Falo muito com empresário, e empresário tem que ter medo. Vai ter barreira comercial. O consumidor europeu já quer produtos ambientalmente responsáveis. Nós também seremos assim. Não porque somos bonzinhos, mas porque não haverá outra solução".

A conversa entre Vera e Miriam aconteceu durante o prêmio de reportagem sobre biodiversidade na Mata Atlântica organizada pela Aliança para Conservação da Mata Atlântica, que contempla 11 países ou regiões e uma categoria latino-americana foi presenciada pelo repórter Marcelo Tavela do portal Comunique-se. Dá uma nítida ideia de que quando se fala em meio ambiente ainda vigora o preconceito, tanto nos meios de comunicação quanto na própria sociedade.

17 Sustentabilidade

Transformar em prática o discurso da sustentabilidade é o desafio que se impõe ao setor privado brasileiro. O tema está na boca dos executivos e nos relatórios das corporações, mas ainda são poucos os que ousam torná-la realidade. Surge a demanda por profissionais habilitados a lidar com questões ambientais e sociais justamente porque conhecem as entranhas do negócio. É o caso de Denise

Nogueira, que trabalhou na Índia em um banco cooperativo de microcrédito para mulheres. Foi para o Sebrae e, atualmente, no Itaú, cuida da sustentabilidade dentro da área de responsabilidade socioambiental.

"O fator humano – empresas e profissionais buscam a sustentabilidade" é o tema da capa da revista Adiante da Escola de Administração de Empresas de São Paulo da Fundação Getúlio Vargas, uma reportagem de Flavia Pardini (ex-CartaCapital). O publisher da revista é Luciano Martins Costa, com experiência como a Folha, Estadão e Veja, além de assessorias de comunicação.

No ano de 1984 um acidente em Bhopal, na Índia, despertou a opinião pública mundial para a questão ambiental. O vazamento de 40 toneladas de isocianato de metila de uma fábrica da Union Carbide causou a morte de milhares de pessoa e, embora a empresa tenha pago US$ 470 milhões em compensação, nunca conseguiu recuperar sua imagem. De lá para cá a sociedade ficou mais atenta e a legislação ampliada, o que obrigou o setor privado a reaver suas práticas e começar a perceber que o meio ambiente pode ser uma oportunidade.

Gerar menos resíduos e usar menos recursos é o lema que se impõe, e para isso é preciso enxergar a questão ambiental e, por consequência, a social, uma vez que as atividades das empresas têm impactos na saúde e na segurança de seus funcionários e afetam a comunidade ao redor, como parte de um sistema produtivo.

A coordenação do tema "sociedade e meio ambiente" está a cargo da área de recursos humanos. Há um desafio grande de engajar o público interno na estratégia da sustentabilidade. Acontece que os profissionais de RH sempre atuaram na mediação entre capital e trabalho, tentando reduzir os conflitos. Isso mudou, pois a sustentabilidade propõe o desmonte das relações de dominação e a construção de relações de parcerias. O empresário Sérgio Esteve, presidente da consultoria AMCE Negócios Sustentáveis aponta que o setor mais apto dentro das companhias para promover o diálogo tão necessário à sustentabilidade é o de comunicação.

A busca pela sustentabilidade acaba se refletindo na academia, que passa a incorporar essas questões na formação dos profissionais. As escolas de administração e de MBAs requerem pelo menos um curso relacionado à ética, responsabilidade social corporativa ou sustentabilidade. O Senac, a USP e a Esalq inauguraram cursos de graduação voltados para a gestão ambiental e a UFRGS criou um MBA em administração socioambiental e econegócios. A maioria dos cursos ainda é oferecida como especialização ou extensão, mas isso tende a mudar, quem sabe brevemente.

SAIR DO DISCURSO E PARTIR PARA PRÁTICAS AMBIENTAIS E SOCIAIS É UM DESAFIO PARA QUEM BUSCA UM FUTURO MELHOR PARA FUTURAS GERAÇÕES

48 Previsões

Nos tempos dos indigenistas, quando a revista O Cruzeiro vendia 700 mil exemplares, o que chamou a atenção foi aquele nativo que dizia que no dia seguinte iria chover, na próxima semana haveria sol, tudo isso o sábio parecia prever. Para matar a curiosidade, o pesquisador quis saber da boca do próprio oráculo onde ele ia buscar tanta informação. "É simples, ouço o programa A Voz do Brasil", ensinou.

Leio agora em O Globo que a previsão do tempo começou a ser feita regularmente no Brasil há exatos 90 anos. A primeira publicação de previsão foi dia 11 de junho de 1917. Naquele tempo se dizia que em piquenique de meteorologista sempre chovia.

Hoje há satélites, supercomputadores e modelos matemáticos sofisticados e calcula-se que o acerto é de 85% nas previsões. Se chover, eles alegam que foi o tempo que mudou.

Inicialmente fazia-se previsões na base do conhecimento de climatologia da área, sem amparo da física e da matemática para executar cálculos. Algumas informações chegavam pelos correios. Não havia velocidade na comunicação. Ao publicar a primeira previsão, o jornal "Gazeta" do Rio de Janeiro justificava: "Diversos dos fenômenos meteorológicos que apresentam maior interesse ao público, como é o caso da chuva, não têm, senão raras vezes, suficiente generalidade e, portanto, a previsão com quanto exata em geral, não se verifica em um ou outro ponto. Assim, tem sido prevista chuva no Distrito Federal (RJ), acontecerá muitas vezes que haja bastante precipitação na Ilha do Governador, sem que (caia uma gota) na cidade".

Tempo bom e ventos variáveis eram algumas das expressões bastante genéricas comumente utilizadas pelos jornais. O grande passo para se ter um serviço de previsão foi ter uma rede de observação contínua, em que se podia registrar, de hora em hora, dados como pressão, umidade, temperatura, velocidade do vento, tipo de nuvem, temperatura máxima e mínima e volume de chuva.

Com a chegada do telégrafo houve expansão das estações meteorológicas em todo o país. Na década de 1960 começou a haver cursos de meteorologia. Hoje, a previsão do tempo no país é reconhecida como uma das melhores da América Latina. Temos 370 estações convencionais e 150 automáticas. O serviço tornou-se importante porque não conheço assessoria de comunicação que o despreze, mas ele é usado como ferramenta ainda mais urgente para o planejamento de várias atividades econômicas como indústria, aviação, saúde e vestiário. A previsão do tempo tornou-se, assim, um bom negócio.

19 Marcas

Essa mania de somente ouvir rádios que transmitem notícias tem-me afastado das demais emissoras, talvez por isso nem saiba exatamente por onde anda Lílian Loy. Ela teve por muitos anos um programa "A música do rei", em que tocava exclusivamente Roberto Carlos. Quando trabalhávamos juntos perguntei para ela se o "rei" lhe enviava um salário mensal – naquele tempo ainda não se falava na palavra mensalão – ou se ele depositava em sua conta quantia maior do que, digamos, dois salários mínimos. Nada, absolutamente nada. Nem um "muito obrigado" ela ouvira de seu ídolo.

Também conheci um cover de Raul Seixas, era exatamente igual ao ídolo tanto no jeito de cantar como de se vestir, se bem que as duas coisas se misturavam. No palco ele era igualzinho mesmo, chegara a conhecer e a conviver com o original e até compôs algumas músicas juntos. Adotou o nome artístico de Roberto Seixas e gravou alguns CDs na tentativa de vender – quem sabe! - tanto quanto o original. Também me aproximei de Roberto Seixas por uma coincidência: trabalhava à época para um político e nos comícios, na falta de artistas consagrados, procurava-se quebrar o galho com coadjuvantes da música. O resultado poderia não ser o mesmo, mas lembro que a plateia gostava das apresentações da cópia. Roberto me contou que a mãe de Raul Seixas era sua maior incentivadora. "Agindo assim, você traz lembranças de meu querido filho. Ao se apresentar no palco você faz meu filho viver", teria dito a mãe de Raul ao cover, que por sinal não era o único do genial cantor e compositor baiano. Lembro que vi outros imitadores de Raul Seixas, não tão iguais a ele, mas que davam para o gasto.

O que a radialista Lílian Loy e o músico Roberto Seixas procuram, na verdade, é o que em comunicação chamamos de marca. Cada um deles ainda não tem a sua e procuram se escorar no melhor que podem. Se não é o ideal, paciência. O grande mérito de ambos é manter um nome em evidência.

Há até alguns shows de bandas ou mesmo cantores cover em casas noturnas. Os "Mamonas Assassinas" que morreram em um acidente de avião têm como seus continuadores um grupo carioca que se apresenta com o nome de Elos Perdido. O cineasta Cláudio Khans, com quem trabalhei na Folha de S. Paulo nos idos dos anos 1970, está fazendo um filme dos Mamonas e sem conhecer nada do que está em andamento já digo com convicção (uma vez que trata-se de competente diretor de cinema) que será um grande e retumbante sucesso. Meu lugar na fila do cinema e da pipoca já estão reservados.

Manual e credibilidade

Manuais de relações com a imprensa são feitos aos montes, tudo depende das corporações e de seus interesses imediatos. São de modo geral malfeitos, redigidos às pressas, porque têm a preocupação unicamente de agradar, antes de tudo, a quem os encomendou. Os maus comunicadores pensam que redigir um manual é simplesmente ditar normas de conduta que tragam benefícios somente a quem se responsabiliza pelo seu conteúdo, se esquecem de que há a outra ponta da linha. O manual desenvolvido pela superintendência de relações com a imprensa do banco Santander Banespa é uma exceção, a começar pelo subtítulo: quem, o que, como, onde, por que e quando falar com os jornalistas – que dá a exata dimensão dos horizontes e limites deste relacionamento nem sempre agradável, principalmente quando se trata de uma área difícil de lidar e com tantos problemas diários como são os bancos.

A política de comunicação externa fundamenta-se no princípio de que a instituição deve prestar contas de suas atividades aos públicos estratégicos e à sociedade em geral, diz em sua apresentação. O banco reconhece a função democrática da imprensa, seu compromisso com o interesse público e sua tarefa de informar a sociedade com liberdade e independência. O Manual de 28 páginas foi de responsabilidade da vice-presidência de assuntos corporativos de Miguel Jorge, ex-diretor de O Estado de S. Paulo e da Volskwagen, entre outras empresas, e mais tarde ministro do desenvolvimento, indústria e comércio exterior do governo Lula.

Ensina que o relacionamento com a imprensa é extremamente estratégico para os negócios do banco e para a consolidação de sua reputação, já que a mídia é formadora de opinião, influencia a percepção do cidadão sobre as instituições e ajuda o público a formar conceitos e criar atitudes. O relacionamento com a imprensa deve fazer parte da agenda do executivo do banco. As relações devem ser pautadas pela ética, pela transparência, pelo respeito mútuo e pelo profissionalismo. A instituição ganha credibilidade e confiança perante os profissionais da mídia.

Há ainda uma importante pista para os executivos ao orientar para nunca pedir para ver a matéria antes da publicação, erro a que muita gente incorre talvez involuntariamente ou por desconhecer o que são os jornalistas. O banco não paga para publicar notícias sobre a instituição. Por meio de suas agências de publicidade compra espaços para veicular anúncios e eventuais comunicados. Deixa bem claro os limites entre espaço pago e conquistado. O banco também não usa nenhum tipo de pressão sobre profissionais e veículos de comunicação. Adverte: nunca tente enganar o jornalista, intimidar ou ameaçar, oferecer vantagens, manipular a informação, fazer-se amigo ou íntimo deste profissional. Um Manual destes vale por milhões de publicidades com verbas multimilionárias porque no fundo há uma ideia central nisso tudo: credibilidade.

51 Leituras Médicas

Milton Neves é um dos profissionais de comunicação mais bem pagos – sua renda, entre salários e merchandising gira em torno de 1 milhão de reais por mês. Passa em casa, um condomínio de luxo, vizinho do cantor Fábio Júnior, apenas duas vezes por semana. Fica o dia inteiro sem comer, mantendo uma só refeição à noite, com carne e vinho.

Faz eventos, pontos de vendas, seminários, cerimoniais e palestras. Trabalha em seu escritório, na Rádio Bandeirantes, TV Record, Rede Mulher, jornal Agora São Paulo, revistas Placar e Viva São Paulo, faz comerciais e lança brinquedo pela Estrela e rádio portátil com a sua marca própria vendidos nas Casas Bahia e lojas Cem.

Quando morava no interior Milton Neves via jogadores comendo mortadela e morando em hotel-pensão. Lembra de escalações de times de trinta anos atrás. Guarda na cabeça tudo o que aconteceu no futebol, acha que desde a década de 70 não aconteceu mais nada. Lembra os nomes de todos os jogadores, a escalação completa do interior e até de seleções estrangeiras, afinal, os times não mudavam. Os jogadores ficavam até dez anos no mesmo time. Hoje, nesses tempos de globalização, tudo mudou.

Seus três filhos montaram uma academia em casa, mas ele nunca foi lá. Botou a netinha em uma escola americana porque acredita que hoje jornalista sem inglês é como jogador sem perna. Planos para parar de trabalhar tanto? Nem pensar. Quando jornalista está no ar é como jogador de futebol. Eles pensam que estão sempre fazendo gol e, por nosso lado, pensamos que vamos estar sempre no ar. Ledo engano: "Somos tão firmes quanto prego na gelatina". Sua opinião sobre os médicos: "Médico é a figura mais importante da sociedade. É a única figura que consegue resolver um negócio chamado dor".

O jornalista, publicitário e empresário Milton Neves é um dos assuntos da revista Leitura Médica, bimestral, editada pela empresa RS Editora, do repórter de televisão Roberto Souza. A capa traz os 100 anos do Hospital Santa Catarina, fala em obesidade, gripe aviária, aftas e pancreatite, entre outros assuntos.

Editada em papel couchê, quatro cores, 56 páginas, a revista não traz artigos longos nem matérias encomendadas ao gosto dos prováveis anunciantes. Nada disso. É uma revista séria, bem editada, com linguagem jornalística e boas pautas. Em muitas revistas voltadas para a área médica a gente fica com horror a doenças. Com Leitura Médica, que circula entre hospitais e profissionais da saúde, os assuntos são tratados com serenidade, sem alarde, sem sensacionalismo. Ao pautar um grande profissional como Milton Neves, ela não fala somente na questão saúde do entrevistado, mas de toda a sua vida, possibilitando a todos os que o admiram conhecê-lo um pouco mais – e torcendo para que ele mude seus hábitos de vida enquanto é tempo.

BATER UMA BOLA, DRIBLAR AS DOENÇAS E FAZER GOL NO BEM-ESTAR DE NOSSO CORPO É UM GRANDE DESAFIO QUE TEMOS DE ENFRENTAR

52 A comunicação dos trabalhadores

Na cidade do interior paulista de Americana, em 1989, uma trabalhadora têxtil foi tragada por uma máquina chamada urdideira. Gravemente ferida, quebrou várias costelas, sofreu perfuração no pulmão e lesionou a coluna, ficando paraplégica. A máquina não tinha trava de segurança, a moça não fora treinada e um diretor da empresa, ante a iniciativa de um trabalhador em cortar os fios da máquina e soltar a vítima enrolada na fiação gritou: "Cuidado, eu importei esses fios da Itália". Amparada no item da convenção coletiva segundo a qual o primeiro dia de trabalho deve ser destinado ao conhecimento das áreas de risco, após vários anos, a trabalhadora obteve vitória judicial e recebeu importante indenização.

Nos idos dos anos 1970, os metalúrgicos da Bosh, em Campinas, não tinham informação nenhuma. Os diretores do sindicato iam à noite, às escondidas, enrolavam mosquitinhos em bolas de vidro e atiravam de estilingue no pátio. O trabalhador pegava, desenrolava, lia e orientava.

Um sindicato publicava o boletim "O Vigilante", mas os seguranças de shopping centers rejeitavam o material com este nome, eles se consideravam seguranças. A solução seria criar dois boletins, mas isso implicava em custos de confecção e distribuição. O assessor Nelson Salazar propôs fazer um único boletim, de um lado o cabeçalho de "O Vigilante" e no outro "O Segurança". Conforme o setor, se entregaria o boletim com o nome virado para cima. Ninguém chiou mais.

Histórias assim são contadas por alguém que as ouviu nas portas de fábrica, o jornalista João Franzin, que calcula que a imprensa sindical brasileira publica mais de 10 milhões de exemplares por mês, basicamente boletins e jornais, distribuídos nos locais de trabalho, entregues de mão em mão, no contato direto entre os sindicalistas e os trabalhadores de base. Esses materiais divulgam os sindicatos, informam a categoria, combatem irregularidades, convocam para assembleias, enfim, difundem para a grande massa trabalhadora um ponto de vista sindical, que forma cultura e estabelece parâmetros. É uma espécie de dar voz a quem tem pouca oportunidade.

Esta imprensa passa por transformação, em função das novas tecnologias e do próprio avanço da democracia. A internet vem ampliar as possibilidades da imprensa sindical, tornando a comunicação ainda mais ágil, a um custo bastante favorável. O consultor sindical João Guilherme Vargas Netto reconhece que "somos relativamente fracos no que diz respeito à imprensa intersindical e na utilização dos veículos rádio, televisão e internet. Um amplo movimento que englobasse as centrais sindicais, as confederações e as intersindicais como o Dieese, o Diap, o Diesat e o Observatório Social, deveria se colocar a tarefa de construir uma imprensa intersindical de massas e de banca".

João Franzin organizou material resultado de observação desde que decidiu a viver para o movimento sindical, em 1977, e compilou em um livro que todo comunicador deveria ler: "Imprensa Sindical – Comunicação que organiza" da editora e agência comunicação sindical.

53 Chapa branca

Comunicador experiente, vivido, um amigo hoje em diretoria de empresa estatal, pede que indique algum lugar ou que saiba onde há chance para um assessor chapa branca. Respondo que não há mais lugar para esse tipo de gente. Vou mais ainda: aconselho o preclaro amigo de longa data que se afaste deste tipo de pessoa.

Jornalista chapa branca é como chamávamos aqueles profissionais que se encostavam em assessoria de comunicação de órgão público, deixava o paletó na cadeira e, com a desculpa de que ia tomar um cafezinho ou comprar um cigarro, não mais voltava a não ser no dia seguinte. E vinha com a cara lavada, como se nada tivesse acontecido. Ou seja, fingia que trabalhava. Mas, como acontece nesses casos, todos eles tinham padrinhos. Os QI, quem indica.

Nas redações tinha sempre um ou mais jornalista chapa branca, todos o reconheciam. Eles agiam de modo diferente dos demais colegas. Não costumavam bater papo, pareciam estar acima de tudo e de todos. Nos modos de se vestir também eram diferentes. Usavam as melhores roupas, contavam vantagens e tinham o desprezo dos que se sentem superiores à média dos colegas ou de agências de notícias e enquadrava o texto conforme o espaço determinado pelos editores. Ficavam sempre em redor dos chefes, dos diretores, nunca dos demais colegas de redação. Quase nunca pegavam pautas, mesmo porque reportagem nunca era o forte deles. Preferiam se encostar em vaga de redatores ou copydesk, o pessoal que pegava o texto dos repórteres na redação, os considerados por eles de subalternos.

Tinha, é verdade e justiça seja feita, alguns chapas brancas simpáticos. Eram faladores. Contavam casos. Procuravam ser agradáveis. Mas no fundo, bem no fundo, eram malvisto porque todo mundo sabia a que eles serviam, para que estavam ali.

Chapa branca veio de uma observação rápida dos carros que transportavam esse pessoal. Jornalismo chapa branca era referência à cor das placas então usadas pelos carros oficiais. De modo geral os chamados chapas brancas eram pessoas que contavam com ajuda de alguma autoridade a quem eles fatalmente estavam ligados e serviam.

Quando disse ao meu amigo para ficar longe desse pessoal que ainda existe, não estava falando de brincadeira. É sério. E bem sério. A aproximação de pessoas assim só traz prejuízo para quem é sério, trabalha com honestidade e sabe quanto custa cada minuto de nosso precioso tempo. Pensando bem, logo não haverá mais lugar para esse pessoal, dado o tempo em que vivemos de feroz competitividade. A não ser que, como as bactérias, eles mesmos se ajeitem ao novo ambiente. É possível.

54 Jornais terceirizados

Luciana começava as brigas nas salas de aula. Depois, continuava a discussão com os professores. Naquela semana chegou à diretoria. A primeira conversa que teve com a diretora da faculdade não foi lá muito agradável, mas elas marcaram outro dia e horário para prosseguirem o embate. Luciana arrumou um montão de folhas, de papéis e de documentos para reforçar suas acusações. A estudante de uma área que não me lembro qual – sei apenas que não era comunicação - me trouxe quilos de documentos e um exemplar do jornal da faculdade.

O folclórico Barão de Itararé dizia que jornal sério não vivia de expediente. Mas, foi ao ler o expediente que me deparei com uma informação valiosa e que passei para Luciana. A faculdade tinha curso de jornalismo, só que o jornal deles não era produzido por alunos – o que seria mais lógico –, mas por uma empresa contratada. Estava escrito ali, na página 2, onde constavam os nomes dos responsáveis pela faculdade e pela sua publicação.

Como confiar em uma faculdade que terceiriza seu jornal quando ela mesma oferece curso de comunicação? E foi nesses termos que a estudante questionou a diretora, que não deu resposta, ficou muda. Diante de fatos não há argumentos – foi outra lição lembrada por ela, e já nem precisava, diante da surpresa da diretora e de seus assessores.

Esse problema de terceirizar os trabalhos pode ser bom, mas não em jornais feitos principalmente por faculdades que se propõem a ensinar jornalismo. Pode-se questionar a qualidade dos jornais produzidos por alunos, e quem passou por bancos universitários sabe como são malfeitos esses jornais. Só que prefiro ler um jornal com todos os defeitos do que ter em mãos algo bem solucionado, bem resolvido graficamente, elogiável sob todos os aspectos, mas que não tenha sido produzido por quem deve praticar para melhorar a cada dia.

Em jornalismo o que se faz é transpirar em vez de de inspirar, não contar com uma luz que poderá vir, quem sabe, como bênção dos céus.

Fiz centenas de jornais e revistas e sempre trabalhei como fazem os publicitários, em dupla de criação. Sempre fiz questão de ter ao meu lado um diagramador, hoje chamado de webdesigner, porque por mais e melhor que tivesse a publicação em minha cabeça, creio que quando deleguei a tarefa a um profissional da área, ele resolveu o problema infinitamente melhor do que eu.

Só para concluir o episódio da estudante Luciana: a diretora da faculdade cancelou o contrato com a empresa que fazia os jornais e passou a responsabilidade aos professores e alunos de comunicação, que por sinal estão fazendo um bom trabalho. À distância do tempo, sinto uma ponta de orgulho por ter dado esta modesta contribuição.

FACULDADE DE COMUNICAÇÃO CONTRATOU EMPRESA TERCEIRIZADA PARA FAZER SEU JORNAL EM DETRIMENTO DOS ALUNOS SEM LABORATÓRIO

55 Guilherme Tell

Uma lenda pode fundar uma nação? Os suíços celebram mês o 700º. aniversário de uma história que os ajudou a se definirem como nação e que inspira os republicanos, a lenda de Guilherme Tell. Historiadores dizem que é lenda, mas 60% dos suíços acreditam que ele tenha realmente existido.

Na Vila de Altdorf, no cantão de Uri, cuja população hoje é de 8.648 pessoas, foi onde tudo aconteceu. O Passo de São Gotardo, que liga o cantão à Áustria, havia sido aberta há pouco tempo e os Habsburgos de Viena despacharam para o vilarejo, por entre os picos nevados da região, um novo e cruel governante, Hermann Gessler.

O tirano ergueu na praça principal de Altdorf uma espécie de obelisco, colocou seu próprio chapéu na ponta e exigiu que todos fizessem uma reverência ao passar pelo monumento.

No dia 18 de novembro de 1307, um pequeno proprietário rural e seu filho que passeavam na praça, passaram pelo obelisco sem fazer nenhum gesto. Pode ter sido apenas ignorância, vai ver que ninguém tenha contado a eles a nova regra. Os que perpetuaram a lenda arriscam que o gesto teve uma motivação política: Guilherme Tell estaria em danação se reverenciasse um opressor vindo da terra dos bolos de creme e das valsas – embora isso só tenha surgido depois.

O certo é que Gessler notou que o fazendeiro tinha um arco numa das mãos e, subitamente, a punição perfeita lhe ocorreu. Pediu aos guardas que o detivessem e informou a ele que uma maçã seria colocada na cabeça de seu filho e que ele deveria acertá-la com uma flecha. Se Tell não aceitasse o desafio, pai e filho seriam mortos.

Todos conhecem o desfecho: Tell partiu a maçã em duas e o apavorado filho sobreviveu. Fez o que todos nós, que trabalhamos com comunicação, devemos fazer, ou seja, temos de ser precisos em toda tarefa. Temos de acertar no alvo.

As histórias de Merlin e do Rei Artur, de Robin Hood e João Pequeno não são tomadas como fatos reais. Mas a lenda de Guilherme Tell por gerações foi ensinada nas escolas suíças como um evento histórico. Teve prosseguimento e contou que depois da divisão da maçã e de vários outros feitos, Tell acabou por matar Gessler, inspirando seus compatriotas a se sublevarem e expulsarem os Habsburgos para sempre. E é aí que começa a história da "mais antiga democracia do mundo".

Friedrich Schiller escreveu sua peça "Guilherme Tell" em 1804. Gioacchino Rossini também escreveu uma ópera com o mesmo tema. O escritor beat William Burroughs durante uma bebedeira em um bar do México, em 1951, tentou fazer o mesmo, mas errou o tiro e matou sua parceira Joan Vollmer.

Historiadores estão cansados de desmentir a lenda, como Roger Sablonier, professor de História Medieval da Universidade de Zurique, para quem Tell é uma figura inventada: "Quando se leva em conta os critérios históricos é implausível, porque a lenda não coincide com as condições históricas do século XIII", disse ao meu colega Peter Popham do Independent.

A verdade é que a lenda como mito de fundação nacional oferece aos suíços a possibilidade de se identificarem com um homem simples, um camponês corajoso o suficiente para desafiar o tirano austríaco. E mais uma vez quando se tem de escolher entra a lenda e os fatos, como aconselhou o cineasta John Ford, fiquemos com o que é mais interessante, a lenda.

56 Aleijadinho

Obras do grande artista Aleijadinho estão no Centro Cultural Banco do Brasil, réplicas de quatro de seus famosos profetas: Isaías, Jeremias, Abdias e Habacuc, Naum, Ezequiel, Baruc, Daniel e Oseias, Joel, Jonas e Amós (que é o próprio autor auto-esculpido, segundo o escritor João Antônio). Quatro deles antes enfeitavam a fachada do edifício-sede do Banco Santos, na marginal do rio Pinheiros. Os profetas pertenciam ao banqueiro Edemar Cid Ferreira, condenado em primeira instância a 21 anos de cadeia por desviar cerca de R$ 3 bilhões. O Banco Santos teve sua falência decretada em 20 de setembro de 2005. Seu proprietário está sendo julgado pelos crimes de evasão de divisas, lavagem de dinheiro por organização criminosa, fraude com recursos do BNDES, formação de quadrilha e gestão fraudulenta.

Os profetas foram emprestados ao Centro Cultural Banco do Brasil pela Justiça Federal. A 6ª. Vara Criminal da Justiça Federal, especializada em lavagem de dinheiro, foi a responsável pelo sequestro de bens e obras do banqueiro. A ideia foi assegurar que o dinheiro da venda de algumas delas ficasse em poder do Estado. A coleção foi avaliada em R$ 40 milhões. O empréstimo foi feito porque algumas dessas obras passaram a integrar os acervos dos museus do Estado de São Paulo, revelou o juiz Fausto de Sanctis ao jornalista Marcelo Duarte, que escreve a seção Curio Cidade no Jornal da Tarde.

Cada profeta tem 2,10 metros de altura e pesa 300 quilos. As originais foram feitas entre 1800 e 1805, em pedra-sabão e ficam na Basílica de Senhor Bom Jesus de Matosinhos, em Congonhas dos Campos (MG). Lá também há polêmica: uns historiadores recomendam que as esculturas sejam blindadas com vidros à prova de bala e devidamente refrigeradas. Outros acham que os profetas que se apontam e se entreolham deveriam ser levadas para um grande museu, livrando assim dos castigos e desgastes do tempo.

O banqueiro paulista comprou os moldes dos quatro profetas e mandou fazer suas peças em bronze. Cada uma delas tem seguro avaliado em quase R$ 500 mil. O juiz acha que o empréstimo foi feito de forma ilegal. O Banco do Brasil não fala sobre o assunto lavagem de dinheiro.

Mulato, filho de escrava africana, acometido de um mal que destruiu seus membros e os atrofiou, Aleijadinho tem provocado polêmica ao longo dos tempos. Logo ele que deu vida a seus personagem com olhares e gestos capazes de transmitir todos os sentimentos e anseios do mestre no ato da criação. Há séculos historiadores colocam em dúvida até mesmo sua existência e acham – como os estudiosos de Homero e de Shakespeare – que as obras dele seriam os resultados de um coletivo de artistas.

O maior artista plástico das Américas ainda hoje é polêmico, mas tudo isso não seria por uma de suas características observada por Mário de Andrade, que dizia que "por baixo do brilho roncava uma insatisfação medonha"?

57 O Dragão da maldade e o Santo guerreiro

Ao perceber que a popularidade de São Jorge aumentou muito nos últimos dez anos, a historiadora Georgina Silva dos Santos, do Departamento de História da Universidade Federal Fluminense, partiu para investigar a origem e a permanência de tamanha fé. Não existe qualquer prova de que São Jorge tenha existido. No Rio de Janeiro se comemora o dia 23 de abril com feriado, mas é apenas uma convenção. Não há rastro ou registro de nascimento, corpo ou morte.

São Jorge sempre foi querido no Rio de Janeiro, desde o tempo da Colônia. Ganhou força no Império. Continuou pela República e agora parece mais popular ainda. Há uma conjuntura carioca que favorece santos guerreiros. É o sentimento de impotência, o medo do cotidiano. Em São Paulo ele simboliza um dos times mais populares do futebol, o Corinthians.

A repórter Ana Lucia Azevedo entrevistou a professora para O Globo. De vítima de violência a bandidos, todos rezam para o santo, assegura a autora da tese de doutorado sobre São Jorge defendido na Universidade de São Paulo em 2002. A tese virou livro, "Ofício e sangue – a irmandade de São Jorge e a Inquisição na Lisboa Moderna", lançado em Portugal em 2005.

O mito do guerreiro ideal, sempre ao lado dos que precisam, é forte a ponto de seduzir mesmo os não religiosos – daí a profusão de camisetas, colares, quadros e outros objetos com São Jorge como tema, montado no dragão com lança, espada, escudo e elmo.

O santo sintetiza vários mitos. São Jorge, ainda de acordo com a professora, vive na fé e na imaginação do povo porque é guerreiro. A imagem do guerreiro perfeito que percorre incólume dois mil anos da História da cristandade. Tão forte que cruzou barreiras culturais e foi abraçado pelo sincretismo afro-brasileiro: "De certa forma, ele é como o Rei Artur. O mito do guerreiro viril, corajoso, invencível, sem defeitos. E, como este, pode ter sido inspirado por uma pessoa real, que viveu de fato, cujos feitos, com o passar dos séculos, ganharam um vulto maior do que a realidade. Pode mesmo ter havido um soldado romano convertido ao cristianismo, na época em que Roma era pagã, que tenha ficado famoso pela defesa da fé e de gente em dificuldades".

É o santo padroeiro de Portugal. Mas na Inglaterra, na Grécia, na Sérvia, no Canadá e até na China há devotos. Sabe-se que o mito se originou nas atuais Síria ou Turquia, em algum momento dos séculos II e III. A devoção chegou ao restante da Europa por volta do século V. O dragão só entrou na história por volta dos séculos XI e XII. Dragão era símbolo de poder e fertilidade: "A imagem da lança espetando o dragão é quase um ato sexual. O santo é pagão. A Igreja demonizou o dragão e o transformou na personificação do mal. A lenda da princesa salva do dragão pelo santo ganhou força na Idade Média. A imagem é poderosa e masculina. Um paradigma da virilidade. Daí ser comum ver machões com São Jorge tatuado no corpo. É, em resumo, um santo de macho".

58 Cinema de invenção

Cinema é a invenção mais misteriosa de todas as artes, ilusão, música da luz. Andamos, alguns, cavalgando corcéis de nuvens, e quando nos batemos é com a realidade, para coagi-la a convertê-la em sonho. A varinha de condão se encontra em cada câmera, e o olho de Merlin, o mágico, se transmutou em objetiva. O tempo da imagem chegou. De uma forma ou de outra, a invenção do cinema, arte adolescente com apenas 90 anos de idade contra milênios de artes tradicionais, teria que ser moldada pela poesia para ser o que é hoje o cinema de invenção, de narrativas sintético-ideogrâmicas e de novas percepções. Caso contrário, completa se inspirando em Orson Welles, o cinema teria permanecido como uma baleia empalhada, mera curiosidade mecânica.

O texto está no livro "Críticas de Jairo Ferreira – críticas de invenção: os anos do São Paulo Shimbun", organizado por Alessandro Gamo, uma edição da Imprensa Oficial do Estado de São Paulo. Doutor em multimeios pela Unicamp, o autor conviveu com o homenageado como uma espécie de guru que saia dançando e rindo com sua bengala no meio da noite.

Cineasta em tempo integral, Jairo Ferreira ganhou a vida em um certo tempo como repórter da Folha de S. Paulo, onde cobria trânsito, buracos de rua, e onde também convivemos diariamente por alguns anos, e creio que ele nunca pensou, respirou e expôs suas ideias a não ser que elas tivessem alguma relação com o cinema. Mais tarde o reencontrei, era sempre uma alegria, ele me deu duas entradas para ver Lawrence da Arábia em sua versão original, de 4 horas. Outra vez ele me segredou que Toninho Buda estava cada vez mais parecido com Raul Seixas, ao que devolvi observando que ele mesmo era o grande compositor baiano tal e qual.

Mas, voltando ao cinema, qual deveria ser a formação de um crítico? Para ele, a mais ampla e eclética possível, já que ele via o cinema como uma arte antropofágica, polarizadora e transcendente na medida em que sintetiza as seis artes que o precedem e se metamorfoseia na inquietação sobre seu futuro em que se fala muito em cinema holográfico, cinema laser na era do laser.

Para Jairo Ferreira, sendo a informática a síntese, a formação do crítico não deve se limitar a cinema, mas passar simultaneamente pela leitura de clássicos, de gibis, de ocultismo, tudo de pintura/arquitetura/teatro, jornalismo, rádio, TV, circo, ciência, astrologia, sem esquecer a filosofia, a sociologia, mas com especial destaque à poesia e à música – tudo devidamente vivenciado.

A função da crítica, vista como atividade de especialista, é então a de estabelecer uma ponte criativa entre o filme e o espectador, sempre radiografando as estruturas narrativas que geram ilações de ordem múltipla, da metafísica à dialética. Grandes filmes exigem do crítico um verdadeiro mergulho nas profundezas do abismo e nem sempre é necessário que ele volte à tona com textos ou verbalmente. Às vezes o crítico retorna como cineasta. Ezra Pound dizia que os melhores críticos são os que efetivamente contribuem para melhorar a arte que criticam. Jairo Ferreira fez tudo isso e creio que voltará sempre para nos lembrar que cinema é uma das grandes formas de expressão, de comunicação a que ele deu dignidade ao encará-la e fazê-la como grande arte.

MITO DO GUERREIRO FASCINA OS MAIS FRACOS E OPRIMIDOS E SEDUZ A TAL PONTO QUE INSPIRA MODELOS E ATRAVESSA SÉCULOS

59 O tradicional e o inovador

Pai de um amigo meu andava todos os dias pelo mesmo caminho para ir ao trabalho. Até a data de sua aposentadoria percorreu as mesmas ruas, atravessou os mesmos cruzamentos, cumprimentou as mesmas pessoas e nunca saiu da linha nem em imaginação.

Tem muitos profissionais da área de comunicação que são assim, percorrem o caminho tradicional, falam com as mesmas fontes, recorrem aos porta-vozes de sempre e escrevem o mesmo material sem mudar uma linha.

Outro dia apanhei um táxi e o motorista contou que tinha um primo jornalista. Perguntei a propósito quem era o parente, eu poderia ter alguma referência, saber quem é ele, quem sabe o conheça ainda que somente de vista. Coincidência: havia trabalhado com este jornalista, na época também professor na Faculdade Metodista de Santo André. Dividíamos a mesma sala. Ele gostava do trabalho de assessoria de comunicação, adorava fazer gráficos, tabelas, anotava cada atendimento, planejava que era uma beleza, mas era só. Incapaz de pensar algo novo, mostrava expressão de horror diante de uma situação diferente e nunca propunha nada que fugisse da fórmula tradicional.

Tinha vindo de redação, para mim a pauta de cada dia era uma novidade. Todos os dias eu saia em busca de um assunto diferente, embora os personagens e o tema invariavelmente pudessem ser sempre os mesmos.

Uma vez discutíamos em uma revista como é que alguns redatores ficavam tanto tempo enfrentando noitadas sem fim, permaneciam da edição 1 ao número 1.000 e não demonstravam ideia de trabalhar em outro veículo. Uma colega arriscou um palpite: "Esse pessoal é acomodado, por isso fica tanto tempo no mesmo lugar". Outro chegou a se queixar: "Esse cara é incapaz de fazer um lead diferente, escreve sempre do mesmo jeito, talvez por isso acabe por aqui mofando, vira personagem pré-histórico".

Temos de ser inovadores a todo o momento, enfrentar os desafios que nos são oferecidos, que estão diante de nossos olhos a cada dia, para não correr o risco de virarmos criaturas jurássicas.

60 Limites de área

Assessor de comunicação só emplaca notinhas em jornais? Profissionais de relações públicas se limitam a comer canapés? Publicitários vivem em um mundo de fantasia e inventam comerciais mentirosos? Essas questões foram levantadas outro dia na Universidade de São Paulo em debate no qual participei com os professores Lupércio Tomaz, José Coelho Sobrinho e Luiz Alberto de Farias.

Primeiro fato: comunicador que vive de somente emplacar notas em jornais está defasado há muito tempo, já não há lugar para ele que tem de ser, preferencialmente, um estrategista na corporação. Quem vive de bolachinhas regadas a champagne também não tem mais vez, já está fora do mercado há tempo. E publicitários que passam mensagens mentirosas estão com os dias contados, já que se exige deles como de todos os demais profissionais uma atitude ética.

Um aluno chegou a perguntar como o publicitário pode ter uma conduta ética. Respondi que ele fará sempre o papel que lhe couber em uma empresa desde que pautado pelos fatos. Quem quiser atropelar a verdade fatalmente encontrará mais para frente um cenário real e voltará ao mundo que existe e não o que seus mais belos sonhos o levam a acreditar que existam. Digamos que este publicitário fez uma campanha vistosa, linda, que rendeu milhões de reais ao cliente – só que a empresa foi à completa falência, resultado do produto enganoso oferecido ao público que soube, afinal, fazer a distinção entra a verdade e a fantasia.

Penso que não deveria mais haver as delimitações em termos de desempenho profissional de qualquer comunicador. Em minha modesta opinião, creio que todos devem exercer as funções de comunicadores, independentemente do rótulo ao qual estão expostos. É charmoso se auto-intitular jornalista, profissional de relações públicas ou mesmo publicitário, afinal todo mundo precisa de algo que o identifique. Mas não pensem que isso é o suficiente para se virar, ter trabalho e mesmo pegar pesado no dia a dia.

Um comunicador tem de saber como funciona não somente a sociedade, mas o mundo corporativo no qual está inserido, onde ele passa a maior parte de seu tempo. Precisa entender todos os mecanismos de uma empresa, qual a sua rotina, a que ela se dedica, qual a sua missão. Um profissional de comunicação tem de entender todos os passos de uma empresa, que é, afinal, o seu mundo. Não pode ignorar as mais elementares noções de administração. Ele passa a maior parte do tempo na empresa, mais do que com sua família, em sua própria casa com mulher e filhos.

O mundo da comunicação exige tempo integral, não se pode pensar que este é um papel exercido por meio período, como se ali buscasse um complemento de salário. Podemos ver as agências de comunicação hoje muito bem montadas, começando pela disposição dos móveis, todos muito modernos, arejados e devidamente funcionais. São verdadeiras redações com cada um exercendo suas funções. Em um mundo altamente profissionalizado a cobrança para seus figurantes também passa a ser grande, à altura do que lhes é exigido nesses tempos outrora chamados modernos.

51 Trabalho novo em comunicação

Tudo o que é novo fascina. A expansão da web fez crescer ainda mais o número de profissionais ligados à comunicação social, o sexto curso mais procurado em vestibulares no Brasil, no ano de 2004, com 242.892 inscritos.

"O mercado de trabalho em comunicação está sempre em expansão. As novas tecnologias estão propiciando ao jovem profissional oportunidade de trabalho em todas as áreas, principalmente jornalismo, publicidade e rádio e TV", constata a professora Tereza Cristina Viotali, diretora da Faculdade de Comunicação Social Cásper Líbero.

Para ela, todas as áreas de trabalho que devem acolher mais profissionais nos próximos anos são: pesquisa de opinião pública, a própria internet, linguagens interativas e novos veículos de comunicação. Ela identifica o crescimento do ciberespaço e do número de eventos culturais como fatores que contribuem para a expansão da carreira. "Tudo isso desperta a atenção dos jovens, não somente como algo que ele irá conhecer na faculdade mas também como oportunidades de trabalho", diz.

Mas o crescimento abrupto também trouxe problemas estruturais. "Nós temos uma explosão na demanda que me parece artificial", diz Victor Aquino, professor titular da Escola de Comunicações e Artes da USP. Para ele existe uma glamourização das profissões ligadas à comunicação social, o que fez crescer em demasia a oferta de mão de obra e o número de vagas nas faculdades.

Algumas faculdades incluem Turismo na mesma área da comunicação, em função de uma classificação equivocada do Ministério da Educação. Essa imprecisão pode explicar o degrau entre o número total de formados pelos cursos de comunicação e o número de pessoas formadas em comunicação que trabalha na área: 27,7% segundo o IBGE. Na realidade, há mais gente trabalhando como gerente de apoio e de produção do que como jornalista.

Tanto a professora Tereza como Victor Aquino, ouvidos pelos jornais, não citam o trabalho em assessoria de comunicação. Isso porque tanto a Cásper Líbero como a USP têem ideia de que assessor de imprensa é um ramo de atividade do profissional de Relações Públicas. Jornalista para eles é quem trabalha em jornal e ponto final. Quem trabalha em assessoria de comunicação nada mais é do que um empresário ou um RP. Até os filmes norte-americanos já traduzem nas legendas o trabalhador de assessoria em comunicação como assessor de imprensa e não relações públicas.

Quando se fala em criatividade, por exemplo, os professores ouvidos dizem que criatividade é importante em qualquer ramo de comunicação: "No jornalismo é possível ser criativo em textos e em ideias para reportagens". Há aí um equívoco muito grande na conceituação, porque criatividade é uma espécie de exercício diário que deve-se exigir de todo profissional de comunicação, esteja ele em redação de jornal ou em uma assessoria de comunicação.

A EXPANSÃO DOS NOVOS MEIOS TRAZ MUITAS OPORTUNIDADES E TAMBÉM PROBLEMAS E DESAFIOS PARA OS NOSSOS TEMPOS

O grande rombo

Por uma semana foi notícia constante nas televisões, rádios, jornais, revistas e portal de notícias. Sexta-feira, 12 de janeiro de 2007. Desabava o canteiro de obras da que será a futura estação Pinheiros da linha 4 do metrô de São Paulo, que ligaria as regiões da Luz, no centro, à Vila Sônia, na zona oeste. O fosso, de 40 metros de diâmetro, aberto para a escavação do túnel, dobrou rapidamente de tamanho. Sete pessoas foram tragadas pelo buraco e cerca de 40 famílias que moravam no entorno viveram momentos de desespero.

O consórcio das 5 maiores empreiteiras do país se encarregou de colocar as famílias em um hotel e prometia ressarci-las. Foi uma verdadeira visão apocalíptica, poderíamos dizer, porque a TV Record, na falta de estrutura melhor, passou a transmitir diretamente do local durante quase todo o dia, como se fosse uma versão da CNN.

No dia 16 uma empresa que havia feito recentemente um carro da Fórmula 1 passear pelas ruas da cidade e, por isso, recebeu críticas por todos os lados, mais uma vez tentou "inovar" com uma ação espetacular. A Polícia Militar montou um cordão de isolamento nas imediações do imenso buraco, era rigorosa para a entrada da imprensa e de pedestres curiosos que sempre aparecem nessa hora. Mas tal rigor não foi suficiente para impedir que três promotoras da bebida energética Red Bull entrassem com bolsas térmicas para fazer marketing do produto, distribuindo gratuitamente cerca de 90 latinhas da bebida.

As moças ultrapassaram o cordão de isolamento da rua Capri e distribuíram latinhas para os PMs, funcionários da cooperativa de trabalho dos profissionais em transporte de passageiros em geral na região sudeste e engenheiros que trabalhavam no acidente.

Muito bem maquiadas e vestidas, as moças diziam que a intenção era mostrar o chamado "lado funcional" do produto, que seria manter a pessoa acordada e ajudar a combater o cansaço. Por aproximadamente 15 minutos as moças também distribuíram a bebida aos parentes das vítimas.

As rádios falaram que "uma firma de energéticos" havia feito esta ação. Por não dizerem o nome do "tal produto", muitos ouvintes pensaram tratar-se de outros energéticos como Gatorade, por exemplo. Não que a Red Bull não invista em publicidade. Um slogan diz: "Red bull te dá asas" e um anjinho ou a pessoa morta sai tocando harpa. Recentemente a empresa levou um repórter da Gazeta Mercantil para sua sede na Europa e se gabou por tratar-se de uma indústria que tem um só produto, ao contrário de outras companhias, que normalmente diversificam tanto produtos quanto marcas.

Internautas protestaram com mensagens e sugeriram boicote à marca. Nem é preciso, porque ao percorrer dezenas de supermercados não se encontra este energético de latinha comprida. Um energético fabricado pela Coca-Cola com logotipo parecido está à venda, é até mais fácil de ser encontrado do que a Red Bull.

Nosso colega Julio Hungria, editor do Blue Bus – site especializado em propaganda e mídia – contou ao Estadão que teve de restringir os e-mails para não monopolizar o site com um só tema. Ele lembrou que a Pepsi estava para pôr no ar um comercial com cena de onda gigantesca engolindo um surfista, mas logo após a tragédia do tsunami na Ásia, desistiu.

Um outro publicitário ouvido pelo Estadão disse estar havendo no meio o que chama de "juniorização" dos departamentos de marketing. Garotos sem vivência acabam enfiando os pés pelas mãos.

A empresa reagiu emitindo nota à imprensa em que dizia: "Três funcionárias da empresa disponibilizaram a bebida energética para os trabalhadores envolvidos nas operações de resgate desde a última sexta-feira, dia 12 de janeiro. Essas funcionárias são orientadas a abordar pessoas em situações de cansaço físico e/ou mental – como, por exemplo, médicos durante plantões, bombeiros, caminhoneiros que realizam longas viagens e esportistas – para beneficiá-las com o efeito energético da bebida. A ação não teve cunho promocional, nem foi arquitetada pela empresa para se aproveitar de uma tragédia".

O Diário de Comércio e Indústria ouviu um consultor de marketing, Marcelo Myashita: "Faltou sensibilidade à empresa", disse. "Aproveitar grandes tragédias para aparecer na mídia pode ter um impacto negativo na marca. É muito perigoso sua marca ser só conhecida, é importante saber como você é conhecido". Outro especialista em marketing, Guilherme de Almeida Prado, acredita que a intenção da empresa não foi gerar mídia espontânea: "Usamos promoção para gerar mídia espontânea, mas não foi o caso".

João Vieira da Costa, outro mestre em marketing disse: "O comunicado tornou o equívoco da empresa ainda pior". Neste caso, acrescentou, as empresas devem ter compromisso com a transparência e reconhecer o erro. Mas, agora digo eu, se a empresa agiu desta forma é porque ela pensa que faz as coisas certas. Se não for assim, acredito, o responsável por todo esse episódio agora deve estar na rua carregando uma placa, procurando emprego.

53 Barbie e o mundo real

Desenhistas gráficos estão cansados de receber sonoro "não" de editores ao oferecerem qualquer projeto de quadrinho que não tenha uma grife. Pode-se criar, por exemplo, como personagem uma boneca maravilhosa, ela não ganhará forma se não tiver uma marca conhecida. O pior desenho de uma Barbie ou de uma Suzy vende mais do que qualquer outro tipo de boneca, por mais inventiva que ela seja.

Barbie nasceu por acaso. Ruth Handler, mulher do presidente da Mattel, fabricante norte-americano de brinquedos, inventou para as filhas uma boneca com características humanas. Até então as bonecas não lembravam relacionamentos, sensualidade e sexo, diz o professor Paulo Nassar da USP, autor de "Tudo é comunicação" (Lazuli editora). O mundo da Barbie é muito dinâmico, flexível e propõe constantemente um jogo, uma interação com seus kits de roupas, cenários, personagens e amigos. Barbie é o que podemos chamar de um produto que se comunica com suas pequenas consumidoras. A boneca também nos coloca um valor, um credo moderno, a diversidade. Barbie nos apresenta Tereza, sua amiga hispânica; Christie, a irmã negra; Kira, a asiática, até uma amiga com deficiência de locomoção, a Becky.

A velocidade com que se vende uma Barbie é impressionante. A cada ano são mais de 120 milhões dessas bonecas em todo o mundo. A Mattel cogitou a possibilidade de fabricar produtos como a Barbie no Brasil. Fez cotação de preços em diversas empresas. Quase toda a linha de brinquedos é produzida na China para distribuição em 155 países. O mercado chinês apresenta custo baixo e é forte produtor de resinas plásticas, o resto do petróleo, muito utilizada na fabricação de brinquedos. Fora da China, a Mattel só produz em duas fábricas no México.

Por aqui, os representantes da empresa norte-americana acharam que o custo da fabricação e a tributação são muito elevados. A Mattel opera no Brasil como importadora. Só que ela enfrenta problemas com a pirataria. Barbies são vendidas ao consumidor por R$ 5 a R$ 10, em média. É curioso notar que 80% da pirataria consumida no mercado brasileiro também vem da China, maior fabricante de brinquedos legais e ilegais do mundo.

A própria Mattel identificou fábricas que operavam de forma irregular na China e informou o governo chinês, que fechou sete fábricas que falsificam seus produtos. Para combater a venda de produtos ilegais no Brasil a empresa optou por buscar informações sobre esse mercado e se dispôs a ajudar órgãos públicos como a Polícia e Receita Federal. Constatou que a informalidade nesse setor movimenta cerca de R$ 4 bilhões por ano. Os brinquedos falsificados ou contrabandeados entram via portos de Vitória (ES), Santos (SP), Paranaguá (PR) e Itajaí (SC). Além dos portos há outras entradas pela fronteira brasileira que, como sabemos, é bastante extensa.

A empresa norte-americana reuniu grupos de policiais e de fiscais para mostrar a eles detalhes da boneca legítima, vendida em média a R$ 40 e as falsificadas. Trata-se de um trabalho que pode identificar a origem dos produtos e os responsáveis pela importação no Brasil. De uma certa forma assim, Barbie, a boneca-comunicação nos traz ao mundo real.

54 Beleza e responsabilidade social

Lembra da miss que bastava ser bonita e ter lido O Pequeno Príncipe de Saint-Exupéry? Isso também mudou. Não que ela não precise ser necessariamente bonita, mas agora também tem que estar engajada em projetos sociais. No dia 1º. de dezembro haverá a 49ª. versão do concurso Miss Mundo na ilha de Sanya, sul da China. A audiência na televisão é uma loucura, só perde para o final da Copa do Mundo e a abertura das Olimpíadas. Mas o que muda agora é a entrada da causa social no cenário, um requisito básico segundo contou Henrique Fontes, da Organização Miss Brasil Mundo à repórter Denise Mirás do Diário do Comércio.

O concurso de miss hoje abrange ainda a audiência da Europa e da Ásia. Seus organizadores esperam ganhar muito dinheiro com isso, afinal fizeram investimento na ordem de R$ 250 mil, incluindo a parte dos patrocinadores.

Participarão 120 beldades (lembra deste termo?) e em nosso caso, o brasileiro, o projeto social será representado pela Casa Hope, de apoio a crianças carentes que sofrem de câncer.

A catarinense Regiane Andrade, 23 anos, a atual Miss Brasil, levará como dote uma coroa avaliada em R$ 100 mil. A peça tem pedras representando cada Estado brasileiro além do colar em contas lembrando cada ano do concurso. Também vai desfilar uma futura colega, a gaúcha Melanie Fronckowiak (19 aninhos, 55 quilos) que faz jornalismo em Pelotas. Ela enfatizava que estava desfilando sua beleza sim, mas não deixava de lembrar em momento algum que fazia o gênero "beleza com propósito".

E como é que as moças desfilam nessas passarelas, basta ser bonita? Não. Por meio de franquias é que elas são indicadas. Houve uma polêmica recente: a brasileira Natália Guimarães perdeu para a japonesa Riyo Mori e usou a internet para reclamar para o mundo. Em 1950 uma baiana que hoje reside em Volta Redonda (RJ), Marta Rocha, perdeu o concurso por ter duas polegadas a mais no quadril. Compôs e até cantou com o grupo paulista Demônios da Garoa gozando desses, digamos, excessos.

Nada como o aprendizado na prática: a atual miss Brasil Mundo está estudando inglês, etiqueta, passa por avaliação dos organizadores, tem aula de um estilista da moda e, se necessário, assegura que receberá retoques de um cirurgião plástico.

Regiane Andrade sabe que é objeto de desejo de milhões de fãs que a acompanham nas dezenas de sites sobre concursos de beleza no mundo todo. Cirurgias plásticas como enchimento de peitos com silicone não incomodam os viajantes solitários. Eles lembram que as antigas misses usavam perucas e enchimentos artificiais de bustos nos anos 1960. O que eles querem é que as moças sejam o que se aproximem mais de uma mulher real, que não sejam tão artificiais como muitas aparentam ser, principalmente na altura das passarelas.

Ah, que sonhos loucos elas sempre nos despertaram. Será que resistirão ao politicamente correto? Quando dezembro chegar é que vamos conferir.

AO DESFILAR NA PASSARELA, AS MOCINHAS PERCEBERAM QUE NÃO BASTA MAIS SER BONITA, É PRECISO ASSUMIR ATITUDE SOCIALMENTE RESPONSÁVEL

55 A dona do visual das meninas da Globo

Ela trabalha com moda há 27 anos e há 11 atua como consultora da Globo. Diz que é avessa às normas rígidas. E que a "ditadura do blazer" – única roupa permitida para as jornalistas a partir dos anos 1980 – está menos severa. "A vida se tornou mais casual e menos formal. O figurino acompanha essa tendência da sociedade sem perder a elegância", revela Regina Martelli, ajeitando seus estilosos óculos de armação listrada.

Quem conversou com ela foi Mariana Trigo da TV Press que a encontrou impecavelmente maquiada e com a postura sempre ereta. Quando conversa sobre moda, Regina emenda uma frase na outra, faz uma listagem de erros que não devem ser cometidos por profissionais da imprensa. Coisas como unhas muito escuras, cabelos vermelhos, madeixas exageradamente longas ou roupas de cores fortes. Até os dentes dos apresentadores são observados por ela: "Vejo se alguns apresentadores não precisam de clareamento nos dentes".

Regina acompanha de perto cada telejornal da casa: "Quando noto uma roupa que não tem nada a ver, eu falo mesmo". Sua função é montar kits por estação para cada apresentador de todos os telejornais exibidos em rede nacional. Ela aconselha o que pode ou não pode ser usado como acessório: "Tem apresentadora que aparece com um brincão. Está na cara que não vai ficar bem. Tento contornar e aviso que ela pode chamar mais atenção do que a notícia". Quando vê uma transgressão, ela manda um e-mail.

Uma vez por mês aparece alguém de jeito estranho, o comentário é geral, mas ela entende que isso faz parte de quem se expõe na TV, pessoas que se julgam estrelas.

Roupas com babados vão passar uma ideia de fragilidade. Cabelão passa falta de credibilidade. O ideal, segundo ela, é limpar o visual. Até a sobrancelha é importante, porque pode fechar uma expressão.

A consultora de moda prevê que haverá uma mudança de hábito ainda maior com a chegada da TV digital. Com a nova tecnologia que transmite a imagem com riqueza de detalhes, o visual terá de passar por reformulações. Detalhes como a boca terão de ser perfeitos. Ela acha que os apresentadores deverão contar com ajuda de softwares já utilizados em novelas para corrigir imperfeições. Ou seja, a realidade e a ficção vão se misturar mais uma vez.

Edgar Morin estudou o assunto no livro "As estrelas – mito e sedução no cinema": "A estrela é vestida. Seu vestuário é um adorno. A elegância supera a verossimilhança. O estético domina o real. A estrela pode estar vestida modestamente, com uma capa de chuva (signo cinematográfico de solidão e da miséria feminina) ou mesmo com andrajos. Mas a capa de chuva e os andrajos também são criação de grandes costureiros".

56 Uniforme

No começo só os apresentadores de televisão vestiam uniformes, de mau gosto. Aos poucos, os repórteres também passaram a adotar uniformes com dísticos de suas emissoras nas lapelas. As moças vestiram tailleurs desde o início do jornalismo televisivo porque alguém achou que não ficava bem aparecer um decote no vídeo, algo que poderia evocar certo desejo, sabe-se lá o que passa na cabeça dessa gente. De qualquer forma, até hoje as repórteres se cobrem e assim se apresentam para todos nós.

O uso de terno pelos rapazes de programa informativo na televisão também não passa de uniforme. Mesmo em meio a catástrofes da natureza, na selva ou mesmo no deserto aparece o repórter televisivo com seu microfone e seu uniforme. Sempre que encontro um veterano repórter da TV Globo digo que ele está impecável, ele responde que não está elegante, longe disso, que na verdade ele está apenas usando o uniforme da emissora, que faz parte do tal padrão global de qualidade.

Uniforme sempre foi um traje associado à educação. Muitas empresas adotam uniforme como se seus empregados estivessem em constante aprendizado – e, na realidade, eles estão sempre aprendendo, inclusive podem argumentar que eu não poderia usar esse termo "empregado", o mundo corporativo prefere usar os termos colaborador ou parceiro.

As crianças usavam o termo "roupa de crescimento" ao invés de uniforme. Isso porque o uniforme era usado com uma barra bem comprida ao avesso para ir soltando conforme elas cresciam. Moças usavam vestidos de alças largas acompanhadas por cordões com crucifixos e os meninos calçavam botas pretas. Usava-se também chapéus, aventais e isso tudo evoluía com o tempo.

Mocinhas de outrora lembram que não gostavam de uniformes. Era um martírio para muitas delas. Elas tinham de usar mangas compridas até no verão e aquelas que fossem flagradas arregaçando-a na volta para casa levava advertência.

As saias azul-marinho com alças fechadas e três botões enormes pouco abaixo do busto não era nada atraente, lembro bem. Mas as saias curtinhas, pernas grossas de fora, aos bandos, saltitantes, as meninas faziam nossa imaginação alçar voos até então proibidos, rumo a lugares irreais.

Enquanto sonhávamos, o diretor da escola, Artur Rivau, com quem encontrei muitos anos mais tarde ao fazer um jornal de partido político, dizia que o uniforme trazia sempre uma mensagem subliminar, a de que somos iguais – na verdade, uma referência de coletividade. Creio que o sábio professor, que tinha pretensões políticas, estava coberto de razão. O uniforme, embora de gosto discutível do ponto de vista estético, parece dizer que podemos aprontar um monte de atos irresponsáveis uma vez que somos todos iguais, só que tem um único problema, pois ao mesmo tempo em que nos permite esta folga também nos acusa e nos identifica justamente por representar um valor, um símbolo.

67 Maratonistas

Quem viu ou teve a curiosidade de conferir nomes em cartazes pode constatar que o ator Henrique Mello aparece nos créditos da peça "Roxo", cuja sessão aos sábados começa às 20h30, no Espaço dos Satyros 1, na Praça Roosevelt, centro de São Paulo. A menos de 100 metros dali, no espaço Satyros 2, em dia, horário e praça idênticos, tem início "120 Dias de Sodoma", que traz no elenco o mesmo ator. Em menos de duas horas, o ator é um baixista iniciante com falas e marcações e, em seguida, viaja no tempo e passa a ser um jovem explorado sexualmente por nobres no mundo perverso do Marquês de Sade.

Com tão pouco tempo de se desligar de uma peça da outra, o ator diz temer a troca de falas. Seu medo maior, no entanto, é o temor de uma peça atrasar e afetar sua entrada na outra.

Não é somente Mello quem se tornou um maratonista. Ao longo da semana, vários colegas de ofício se revezam entre diversos papéis. É o caso de Ana Andreatta, em cartaz com "A Festa de Abigaiu" (às quintas-feiras) e "Simpatia" (sexta a domingo). Tem também Sergio Guizé que está em "Monólogos da Marijuana" (terça e quarta) e "Delicadeza" (quintas e sextas). E Cléo De Paris em "El Truco" e "Divinas Palavras".

Os atores contam que usam o intervalo para tentar voltar à neutralidade, por meio de exercícios de alongamento e respiração. Muitas vezes entre uma peça e outra não dá nem tempo de comer um salgadinho. Uma atriz contou que em uma noite, em meio a silêncio absoluto de uma cena, sua barriga começou a roncar.

E por que esses atores acumulam tanto trabalho? Aos jornalistas Lenise Pinheiro e Lucas Neves da Folha de S. Paulo eles contaram que se trata de uma necessidade artística. Talvez compensasse mais não atuar em tantas peças, mas fazer comerciais. Mas eles preferem se expressar no palco. Outros responderam que o fazem por uma questão financeira.

Jornalistas há longa data estão acostumados a fazer dupla jornada de trabalho. Juntavam o piso de um emprego ao piso ganho em sua segunda jornada, que se estendia até o fim da noite. São maratonistas como esses atores, todos eles na faixa dos 30 anos em média. Em se tratando de jornalistas, fica cada vez mais difícil fazer dupla jornada. Há exigência cada vez maior de jornada mais longa para jornalistas sem compensação financeira por isso. Na realidade, são uma espécie de maratonistas em um só emprego, dado o volume de trabalho a que cada vez estão mais expostos, seja em redação da mídia, seja em assessorias de comunicação.

68 Colunismo social

Hilde foi a muitas festas, maravilhosas. Como nos 60 anos de Frank Sinatra, em Las Vegas, festão com toda Hollywood presente, ela a única brasileira. O baile do Croix Rouge, convidada pela princesa Grace, do Mônaco. Um casamento na Arábia Saudita, recepção só com mulheres, a noiva-princesa, o noivo, no InterContinental de Riad, uma loucura. As mulheres chegavam todas embaladas nos chadors, em boleias de caminhão, tiravam os véus e estavam de YSL, Valentino, Dior e despencando de joias. As festas de Régine Choukroun, no Rio, em Nova York, Monte Carlo e Paris, todas sensacionais. As festas de Ricardo Amaral no Lê 78, em Paris, com performances, artistas espetaculares, mulheres e homens lindos, para não esquecer nunca mais. Ela mesma deu um baile de aniversário, em 1986, com mulheres todas de caudas, com malabaristas, contorcionistas, engolidores de fogo, fogos de artifício, orquestra, lustres de cristal Baccarat nas árvores centenárias.

Hildegard Angel, a Hilde colunista do Caderno B do Jornal do Brasil, que se apresenta dirigindo-se aos leitores: "Pode não ser a sua opinião, pode não ser a melhor opinião, mas esta é uma coluna com opinião", deu entrevista à colega Cintyhia Garcia, da Revista de Domingo do mesmo jornal. No dia 15 de dezembro Hilde foi a responsável pelo furo internacional ao publicar que o presidente da França Nicolas Sarkozy estava namorando a ex-top model Carla Bruni.

Colunista social é jornalismo menor? Para ela não existe jornalismo menor nem maior: "Existe jornalismo. Não vou ficar explicando nem justificando. A continuidade do meu trabalho e o interesse que ele desperta atestam sua qualidade". Contou que nas redações de jornais sempre houve o mito de que colunista social detinha privilégios, se aproveitava das mordomias, era desonesto: "De fato, numa época havia colunistas com esse perfil, que achacavam pessoas e que se fizeram dessa forma. Quem? Já morreram. E os que não morreram ainda não sabem".

E como é a sociedade, onde tudo se sabe como diziam seus precursores? Para Hilde, sociedade é um lugar de pessoas, que envolve poder, dinheiro, vaidade e beleza. Elas podem ser anjos, cobras, lagartas, sílfides ou qualquer outra coisa, a biodiversidade é grande. Quantos eventos ela frequenta por semana? Varia. Vai a jantares, almoço é muito difícil ela aceitar.

Criticam-na por não publicar fotos de gente mais velha. Ela responde: "Publico as pessoas pelo mérito de cada uma. Minha coluna não é book de modelos nem portfólio de agência de artistas, falo do poder, em todas as idades. Não discrimino. Uma coluna social deve resumir os segmentos sociais de ponta, não só modelos e herdeiros de 20 anos de idade. Como sou a única coluna que prestigia o poder – porque as pessoas também não sabem o que é poder, não têm a dimensão – então ficam fazendo essa brincadeira. Historicamente, a alta sociedade, que detém o poder, é constituída por pessoas com mais de 40 anos. Agora há uma inversão do comportamento social no mundo inteiro. Mas não se chega a lugar nenhum sem o arcabouço do poder e do conhecimento, não chega".

Filha da estilista Zuzu Angel, assassinada durante a ditadura militar que também matou seu irmão Stuart, Hilde assegura não ter fontes, mas amigos, gente que gosta dela e ela deles. Um jornal italiano a batizou de "la Regina del gossip" (a rainha da fofoca), mas ela acha que o diário foi benevolente com ela: "Acho que sou a rainha do trabalho, a rainha da ralação. Brigo por esse título".

Por último, o que fazer para se candidatar a colunável dela? Sua resposta: "Produzir. Socialite oco é muito chato, não vale, dá azia".

A RIGOR NÃO EXISTE JORNALISMO MAIOR OU MENOR. EM SOCIEDADE TUDO SE SABE, ATÉ PORQUE O SEGMENTO SOCIAL DE PONTA QUER BRILHAR.

69 Duas faces

Ficção e realidade eram como duas faces e se misturam na cabeça dele. Outro dia contou que perto de sua casa o tratador de cavalo deixou o pobre bicho amarrado com corda de dez metros no trilho do trem. De repente, a tragédia. Atrapalhado em meio ao capim e a corda que se misturaram, não restou ao animal nenhuma alternativa. Foi ceifado pelo aço. Você viu tudo? – perguntei. Só o sangue e pedaços do cavalo espalhados pelos trilhos – contou.

Seu programa preferido é aquele que passa vídeos espetaculares, incríveis, fantásticos e extraordinários. No dia em que se debatia uma grande matança em Virginia, Estados Unidos, onde um alucinado matou seus 33 colegas e deixou outros 24 estudantes feridos, para a testemunha da morte violenta do cavalo, os tiros tanto poderiam ter saído da arma do furioso rapaz que acabou se suicidando como de qualquer outro maluco, disposto a fazer justiça com as próprias mãos. Isso porque seu programa havia mostrado outras cenas iguais, simulando a mesma situação.

A atriz Nair Bello virava nome de teatro aos 75 anos de idade após passar cinco meses internada. Ela estava esperando a vez no cabeleireiro, passou mal e desmaiou. A dona do salão nessa hora também misturou fato e ficção, pois pensou que ela estava brincando e só se deu conta da gravidade quando a comediante estava em uma ambulância a caminho do hospital onde se constatou que ela tivera um acidente vascular cerebral.

Perto da casa da Nair morava uma senhora que nem sei bem o que fazia, só sei que andava em carrinho motorizado para tetraplégicos. Sempre sozinha, dava impressão de levar a vida, apesar das agruras. Certa noite de sábado, no entanto, se atirou das escadarias do prédio onde morava, numa tentativa de dizer adeus a este mundo cruel. Socorrida a tempo, ainda sobreviveu. Mas depois se mudou e ninguém mais a viu.

Parece que a culpa de toda essa confusão que se faz entre ficção e realidade – cada vez mais presente na cabeça das pessoas – deve-se em parte àquilo que Stanislaw Ponte Preta batizou de "a máquina de fazer doidos". Isso porque a televisão se tornou a grande educadora, a mesma máquina que mostra à exaustão descrição de adultérios, traições, falcatruas e violência.

Como um dos assuntos preferidos por nove entre dez assessores de comunicação é a telenovela, não posso passar longe dela. Numa tentativa de ver a bela Camila Pitanga que não aparecia naqueles capítulos da novela, o que vi foi um verdadeiro tratado de como passar o outro para trás, como cobiçar, como tirar dinheiro dos outros e, no final, como se dar bem na vida. Até que uma hora aparece a personagem vivida pela morena jambo, uma prostituta, e nessa hora dá até um alívio ao ver que no meio de tantas falcatruas até que a mocinha vivida na telinha pela atriz mais bela da TV é uma verdadeira santa – é vítima, é explorada, tem um dono –, e quer apostar?, é capaz ainda de um dia ser canonizada porque misturou ficção (a personagem) e realidade (o talento da atriz).

70 Água e vinho

Quando prestamos serviço de assessoria para alguém ou um grupo, nunca perguntamos se a pessoa algum dia se viu envolvida em ato ilícito ou se ela esteve metida em prática de corrupção ou em algo que desabone a conduta de qualquer cidadão indistintamente. Ninguém está acima do bem ou do mal. Talvez por isso não cabe a nós exercer o papel de juiz supremo do universo.

Sei de alguns profissionais que trabalharam com políticos que deixaram, digamos, marcas profundas e aquela sensação (e constatação) de vazio em cofres públicos. Isso tudo a despeito de eles saberem o que todo mundo diz que sabe desses personagens, figurinhas carimbadas da política brasileira e não deixaram de ser o que sempre foram, ou seja, bons profissionais e, acima de tudo, honrados. Continuo falando de assessores, é bom frisar.

Corrupção pode ser algo contagioso, uma coisa que não dá recibo, em que sempre haverá falta de provas, mas acontece que para nós, jornalistas, a prática da irregularidade não faz sentido. Não conheço profissional de comunicação que com o trabalho tenha ficado rico. Claro que tem gente regiamente paga, aqueles que ocupam cargo de diretoria de jornais, só que estes são poucos, dá para contar nos dedos. Uma das lendas que se propaga nesta profissão diz que as redações são como realezas, capitanias ou impérios, porque o trono é transmitido de pai para filho. Isso também está mudando. Tem donos de jornais confessando que não mandam mais nada em suas empresas, pois se tornaram reféns do processo de incorporações.

Mas, voltando aos jornalistas que um dia prestaram serviço a político corrupto: sei de alguns casos em que os colegas nunca se misturaram e sempre que houve conversa reservada entre seus chefes e os amigos deles, nossos colegas não participaram, ficavam bem longe, a algumas salas de distância dos acertos. Isso porque o bom profissional sabe que não pode se meter nessas enrascadas. Ele percebe logo, em São Paulo como em Brasília, e ao ver que é de fato como água e vinho, vai constatar que não dá para misturar as estações.

71 Relações públicas ou jornalista?

Charles Magno Medeiros é um dos melhores jornalistas do país, eu o conheço há mais de vinte anos e tive o prazer de conviver e aprender muito no atribulado dia a dia das redações. Hoje é diretor da Lide Soluções Integradas de Comunicação. Ele acaba de se desfiliar do sindicato de jornalistas e integra a associação de relações públicas. Sempre inquieto, é daqueles profissionais que não querem falar uma coisa e fazer outra. Por isso mesmo fez a sua opção. É sempre bom ouvi-lo: "A cultura corporativista e sindical e o excesso de regulamentação profissional, produtos típicos de países latino-americanos, precisam de profunda revisão, pois já não refletem a modernidade da economia e a realidade do mercado. Para norte-americanos e europeus, por exemplo, soa estranho o fato de assessoria de imprensa no Brasil ser considerada função jornalística reservada a jornalistas profissionais. Soma-se a isso outra extravagância: a de que o mercado de trabalho, tanto na imprensa como nas assessorias de imprensa, esteja reservado a bacharéis de jornalismo".

Para Charles Magno, que já deu aula em faculdade de comunicação e pretende voltar em breve à vida acadêmica, assessor de imprensa é relações públicas: "Assessoria de imprensa tem natureza, objetivos e interesses diversos. A missão da imprensa é democratizar a informação, representar os interesses da sociedade, fiscalizar o Estado e proteger os cidadãos contra o arbítrio, a opressão e as injustiças praticadas pelo Estado, por autoridades públicas, instituições, grupos econômicos e interesses privados. O jornalismo deve servir aos governados, e não aos governantes. Como bem interpreta a Primeira Emenda da Constituição norte-americana, a imprensa livre é uma instituição independente – do governo, dos partidos, das corporações. A comunicação empresarial, incluindo assessoria de imprensa, por sua vez, tem por objetivo principal defender os interesses da companhia ou instituição e zelar por sua boa imagem. Em miúdos: o primeiro compromisso da imprensa é com o cidadão; o do assessor, com o cliente. O assessor de imprensa não pratica a isenção ou imparcialidade que se exige do jornalista, se não como princípio, pelo menos como objetivo no exercício do jornalismo. Uma das máximas da ética jornalística, de que se deve ouvir as duas (ou várias partes) envolvidas num conflito, joga por terra qualquer veleidade: o assessor de imprensa, como representante da empresa, é apenas uma das partes. Também por uma analogia com o Direito, o assessor de imprensa, como advogado do cliente – por mais bem-intencionado, ético e transparente que pretenda ser –, não tem o mínimo de isenção do jornalista. Num conflito entre corporação e opinião pública, sabe-se com clareza quem exerce ou não a atividade de jornalista".

Por que então o assessor de imprensa continua julgando que é jornalista? Charles Magno diz: "O apego dos assessores ao título de jornalista é, na realidade, uma tentativa de dar status a si e trai uma desconfiança em relação à sua atividade, herança do tempo em que a assessoria de imprensa era mero "bico" para o profissional de redação. Essa atitude amesquinha o jornalismo, por querer estabelecer uma comparação com uma atividade que não lhe diz respeito e por desconhecer a melhor de suas características, que é a independência. Também despreza a nobreza e a dignidade da comunicação empresarial, atividade importante não só para a empresa como para toda a sociedade. É natural que, num país de tradição bacharelesca, as pessoas façam questão de usar pelo resto da vida o título que conquistaram nas universidades, mesmo que não exerçam aquela profissão. Nada errado que assessores de imprensa ou mesmo executivos se apresentem também como jornalistas, embora exerçam outras atividades".

O importante, ressalta Charles Magno, é desfazer a confusão para que a comunicação empresarial se consolide: "Os verdadeiros jornalistas, aqueles que trabalham na mídia, respeitariam mais seus "coleguinhas" assessores de imprensa caso esses assumissem de vez que são relações públicas e não jornalistas. Sindicatos e outras entidades de jornalistas não querem mudanças na lei e não aceitam perder a reserva de mercado da representação dos assessores de imprensa – as entidades se enfraqueceriam muito, já que o número de assessores de imprensa é bem superior ao de jornalistas em atividade nas redações. Os cursos universitários de jornalismo, tampouco, profissionais de comunicação organizacional, por sua vez, relutam em abrir mão do status de jornalista – além de mais charmoso, na visão deles, o título confere uma certa aura de independência.

A questão tem um componente perverso: ao reivindicar o status de jornalista, o assessor de imprensa procurava conferir prestígio a uma atividade que era menosprezada pela categoria e considerada menos nobre. Com a profissionalização, a comunicação empresarial e seus profissionais ganham credibilidade, respeito e nova identidade. Classificar assessor de imprensa como jornalista é amesquinhar o jornalismo sem valorizar a atividade da comunicação empresarial, que tem sua nobreza e não precisa da validação moral de outra atividade".

Como se dizia antigamente, cartas ou e-mails à redação, no caso à editora.

A MISSÃO DA IMPRENSA É DEMOCRATIZAR A INFORMAÇÃO, REPRESENTAR OS INTERESSES DA SOCIEDADE, JÁ A COMUNICAÇÃO EMPRESARIAL DEFENDE OS INTERESSES DA CORPORAÇÃO.

72 Alhos e bugalhos

Millôr Fernandes costuma dizer que ele também é cultura. Outro dia descobri ao lê-lo (que língua a nossa!) o que era bugalho, a parte branca de nosso olho, que algum infeliz resolveu misturar com o alho. Isso tudo veio à mente ao ler nota do Portal Comunique-se que dois colegas pediram demissão da secretaria de comunicação e da assessoria de imprensa do presidente do Senado Renan Calheiros (PMDB/AL), assim que ele foi licenciado. Como todos se lembram, o escândalo Renan se arrastou por meses a partir da denúncia de que ele teria usado serviços de um lobista de construtora para pagar pensão para filha com uma jornalista que depois posou nua para a revista Playboy. Depois vieram outras denúncias, como o da criação irreal de gado, compra de emissoras de rádio, manipulação de verba da saúde, espionagem de contas dos colegas senadores e outras indecências.

Weiler Diniz e Douglas de Felicci pediram demissão, cada um foi para seu canto, é direito de todos, nada contra. O que causou surpresa, no entanto, foi a repercussão do ato.

O editor-chefe da Rede TV! do Espírito Santo contou que ele já passou por isso e que não quer mais assessorar parlamentar. Passou pela experiência de ser ao mesmo tempo incendiário e bombeiro: "O jornalista precisa ser mais habilidoso para transitar no pantanoso mundo político".

Outro colega, desta vez do Rio Grande do Sul, dispara: "Os ratos abandonaram o navio. Mas onde estavam os princípios éticos desses assessores durante toda a crise?".

Sem identificar de que lugar, mais uma opinião manifestada: "Um país sem seriedade, sem cultura, sem educação e corrupto em todos os setores dá nisso. Mas as pessoas precisam trabalhar né?, mesmo os maiores pilantras".

Mais uma opinião, desta vez do Amapá: "O profissional acaba perdendo a identidade de jornalista, mesmo se já tiver uma longa estrada".

Aqui é que se dá o grande equívoco: tentar misturar água com azeite. Não adianta, não dá liga. Um profissional da comunicação não tem de comungar com quem lhe paga o salário. Já imaginou se devêssemos pensar como o dono da indústria tabagista, logo eu que nunca fumei? Mas se houvesse um convite para trabalhar na Souza Cruz, por exemplo, eu recusaria? Mesmo contra o tabagismo eu aceitaria sim. O que importa é que o trabalho seja valorizado. Indecente é não pagar pelo serviço prestado.

Tem muita gente que faz discurso em favor do cidadão e na hora de pagar pelo trabalho prestado vem com discurso pelo social, fala em voluntariado, invoca o nosso lado benemérito, como se não dependêssemos de dinheiro para viver.

Pensar que todo político é corrupto é cair na mesma faixa dos inconscientes, dos analfabetos políticos, que tentam pregar que fazer política é praticar algo indecente. Temos de fazer política sim, com idealismo. Porque se abandonarmos esta prática, acabaremos dando o lugar para quem faz isso com outras intenções que não realizar as tarefas nobres.

Weiller e Douglas partem para outras missões, terão outros patrões, um deles saiu do Renan e foi para o Nelson Tanure (Jornal do Brasil), sejam eles portadores de idealismo ou de intenções outras. Isso comunicador algum conserta. Como dizem os franceses, c'est la vie, é a vida.

73 Equilíbrio

Como conciliar interesse público e privado? É o que responde uma colega de atividades. Formada pelo Mackenzie em 2003, Camila Zanqueta trabalha em assessoria de comunicação e foi entrevistada por Heloísa Moraes do Infoca, boletim eletrônico da Universidade Metodista de São Paulo. Para ela, o assessor tem o papel de repórter na empresa, de coletar pautas interessantes, de perceber o que pode oferecer ao jornalista. A maioria desses trabalhos entope a caixa de entrada dos jornalistas, os releases acabam sendo apagados sem leitura, os jornalistas mal têm tempo de falar com o assessor. Sua receita: é preciso entender bem o que serve para cada veículo, estudar o que cada um poderia publicar ou não, senão se torna um trabalho maçante mandar "mil releases" para todo mundo sem resultado.

O que a colega constatou é que as redações estão muito enxutas e não têm gente nem tempo para ler tudo sobre todas as empresas. No começo ela conta que sentiu muita dificuldade em encontrar estágio. Começou fazendo clipping, ferramenta que faz um arquivo do assunto publicado pela imprensa. Como ela estava em empresa de energia elétrica, procurou entender tudo sobre a área. Foi aí que ela notou que não havia aprendido muita coisa na faculdade, como matérias práticas sobre empresas, mercado financeiro e economia. O que teve foi bem superficial, pois o curso era mais voltado para a semiótica e mais teoria do que prática.

Ao coletar pautas para uma empresa o que ela tem em mente, o que é interesse para a própria empresa ou para o público externo – quis saber a entrevistadora. Sua resposta: tem que se balancear as duas coisas, procurar um equilíbrio. Não adianta a empresa ter algo que quer divulgar se não há interesse público, já se sabe que não será divulgado em lugar algum, não adianta tentar porque pauta boa é aquela que há alguma novidade, que enfoque coisas novas sobre gestão.

Quanto ao preconceito de jornalista com o assessor de imprensa, Camila diz que ela tenta não encarar como preconceito porque isso só piora a situação. O assessor tem de saber como estão as redações com pouca gente, muita informação e equipe pequena para checar os dados. Confessou tender mais para o jornalismo do que para o lado do relações públicas, embora ambos estejam próximos. Não se pode deixar de pensar que o assessor está em uma empresa como repórter e que deve encontrar sempre histórias interessantes.

4 Fontes

Está afiado o jornalista e escritor Gay Talease, um dos fundadores do "new jornalism", que se distinguiu por usar elementos literários em seus textos. O autor de "Fama e Anonimato" e de "O Reino e o poder – uma história do New York Times", entre outros livros, participou de um debate com Arthur Sulzberger, publisher, dono do maior jornal dos Estados Unidos, e disse a ele que o jornal cometeu um erro ao permitir que seus repórteres ficassem "embutidos" nas tropas americanas na invasão do Iraque: "Quando se permite que jornalistas fiquem em tanques e tenham acesso a soldados, eles viram parte da missão, e a informação que obtém é irrelevante".

Para Gay Talese, "fontes" a que os grandes jornais costumam usar para não identificar a pessoa que fala sem se identificar é um termo ridículo:

"Estou feliz por ver que algumas das fontes estão sendo identificadas, embora ainda não na medida em que eu gostaria. Todas deveriam ser identificadas, pois informação obtida de fontes que não querem se identificar, geralmente é fornecida para reforçar uma posição e minar outra. É simplesmente lixo".

Segundo o jornalista norte-americano, as fontes devem ser expostas:

"No meu trabalho, sempre dei nome às fontes. E jamais aceitaria uma informação sob a condição de não dizer ao leitor quem é minha fonte".

Tudo bem, Gay Talese, só que na prática, como se diz por aqui, a porca torce o rabo. Algumas vezes a fonte só dá a informação sob a condição de que ela não aparecerá na reportagem, é o preço que, infelizmente, para o bem ou para o mal, temos de pagar. Depois, as tais "fontes" chegam a desmentir o que elas mesmas disseram sob o manto do anonimato.

Mas o escritor vive em um país envolvido em uma guerra, e talvez isso explique por que isso acontece:

"Alguns repórteres ficaram preguiçosos porque estão em Washington há tempos. Há repórteres demais em Washington. São como pássaros bicando a mesma informação. Come, mastigam, cospem, engolem de novo. Nossa nação se tornou vítima de sua própria propaganda. Não há dissensão. Nós nos tornamos vítimas de uma farsa, de um governo que enganou o povo e a imprensa sobre as armas de destruição em massa no Iraque e a ligação entre Saddam Hussein e a Al Qaeda. Mas os jornalistas e donos dos veículos de mídia que se importam com a verdade deveriam ter checado, não poderiam ter acreditado nas mentiras do governo Bush. Deveriam ter checado as informações três anos atrás. Agora há todos esses mortos e feridos. Se tivesse havido alguma reportagem investigativa da época, se os jornais não tivessem permitido que a propaganda do governo fosse tão eficaz, talvez as coisas tivessem sido diferentes. O problema real é que o jornalismo fracassou. O governo mentiu e fracassou. É uma mancha para a história do jornalismo".

E como são os jornalistas americanos hoje?

"Os jornalistas hoje têm muito mais estudo. Sua educação é melhor, frequentam as melhores faculdades. Isso os fez ficar parecidos com as pessoas que estão no poder. Quando eu era jovem (tem 73 anos hoje), era diferente. Todas as pessoas com as quais eu trabalhei, quando comecei no "The New York Times" eram das camadas mais baixas. Não vínhamos das escolas de elite, éramos "outsiders", víamos o mundo com ceticismo".

Gay Talease continua sendo, como ele mesmo confessou a Marcelo Nino da Folha de S. Paulo, um "outsider", aquele que vive à margem da sociedade. Pessoas assim, como observou Milton Nascimento, outro "outsider", têm uma estranha mania de ter fé na vida.

TODAS AS FONTES DEVERIAM SER IDENTIFICADAS, POIS QUEM NÃO SE IDENTIFICA GERALMENTE REFORÇA UMA POSIÇÃO E MINA A OUTRA.

5 Nosso alvo

Quem é a pessoa mais importante nos meios de comunicação? Quem disser que é o dono do veículo pode ter e pode não ter razão. Porque com o patrão tudo é permitido. Só que não se pode ficar pedindo favor a toda hora, com o risco dele um belo dia não mais atender. A melhor pessoa com quem uma assessoria de comunicação deve se relacionar é o coração de toda redação: o pauteiro.

Alguém inventou e a página 2 de O Globo passou a constar todos os dias de um espaço onde há uma historinha envolvendo o pessoal da casa com direito a fotografia. Chegou a vez da pauta nossa de cada dia. A colega Solange Duarte, primeira mulher a ocupar o cargo de coordenadora de pauta ou pauteira, na redação do jornal costuma comparar o seu trabalho ao dos goleiros de futebol. Quando evitam os gols, não fazem mais do que a obrigação e passam despercebidos, mas é só fazer uma bobagem para serem culpados pelo resultado adverso.

Como pauteira, a função dela é garantir que nenhum assunto importante que mereça cobertura da editoria Rio – em alguns jornais Cidade ou a antiga Local – seja esquecido. Para isso, ela precisa agarrar todas as informações que chegam, quase sempre trabalhando sozinha, nas madrugadas.

Diferentemente dos demais profissionais da redação, a rotina dela começa quando a dos outros está terminando. Ela chega na redação às 21h. Para elaborar a pauta do dia seguinte, tem de ler todos os e-mails com notícias enviadas ao longo do dia pelos repórteres. Às segundas-feiras chegam mais de 800 mensagens, devido ao acúmulo de fim de semana. E checar os retornos deixados por editores e repórteres. Precisa ainda ler todos os jornais, já impressos e entregue na redação a partir das 2h. A isso, soma-se a contribuição dos leitores, que ligam a qualquer hora para sugerir reportagens.

A partir desse conjunto de informações é elaborada a pauta, que na editoria Rio tem seis divisões de assuntos: geral, polícia, infraestrutura, saúde, educação e administração. Em média, a pauta abrange 60 ou mais itens todos os dias, que vão orientar o trabalho dos chefes de reportagem e sua equipe.

O requisito básico para a função que exerce é a organização. É preciso trabalhar simultaneamente com pautas de vários dias. Trabalhando de madrugada o único inconveniente apontado por ela é o fato de conviver pouco com os colegas. Apesar disso sabe que é essencial para o Rio ter essa organização propiciada por um pauteiro, o coração de toda redação.

76 Assédio moral

Jornalista conta que dia após dia ouviu que era burra, incompetente, que suas matérias eram um lixo, tudo em voz alta, para a redação inteira ouvir. Parou em hospital com crise aguda de gastrite e enxaqueca permanente. Durante dois anos ela se submeteu a humilhações diárias vindas do editor. Um exemplo, dentre muitos, de um tipo de violência comum nas redações de jornais, o assédio moral. Angélica Pinheiro, da revista Imprensa que está nas bancas, constatou que muitos jornalistas são reféns da vergonha, do medo de perder o emprego e de serem tachados de encrenqueiros – daí o silêncio.

O psicólogo José Roberto Heloani, doutor em comunicação, mergulhou nas histórias de profissionais que sofreram assédio moral e descobriu situações semelhantes em diversas redações. Desavenças no jornalismo são produto de uma lógica competitiva, muitas vezes por um conflito de gerações. Ou seja, o mais jovem desqualifica o trabalho do mais velho, que não tem tanto domínio da tecnologia quanto ele. E quem tem mais idade, por sua vez, costuma classificar os chamados focas como irresponsáveis e ignorantes: "O isolamento é o mais comum das humilhações. Um elogio sutil, acompanhado de uma desqualificação profissional, também é uma atitude corriqueira. Cria-se um clima de desconfiança até que os próprios colegas começam a questionar o trabalho dessa vítima, isolando-a".

Heloani pesquisou 44 pessoas, 19 alvo de agressões. As consequências são graves. Os homens costumam ter problemas cardíacos, gastrointestinais e de disfunção erétil. Já as mulheres sofrem com doenças hormonais, enxaquecas e queda de cabelo. Alcoolismo, uso de drogas e até tentativas de suicídios ocorrem.

Editor de uma revista conta que uma colega desenvolveu síndrome do pânico: "A gota d'água aconteceu quando, ao vir o editor chegar, ela se escondeu embaixo da mesa, tamanho era seu medo. Naquele momento, constatou que a única alternativa era deixar o emprego". Nisso vem à memória uma cena presenciada por mim na redação da revista Veja: uma poderosa editora-executiva chamava aos berros um de seus editores, que se escondia no banheiro masculino para comer uma maçã, fatiada lentamente com uma faca e levada à boca aos poucos, com um pedido de silêncio para que não denunciasse que ele estava por ali fazendo seu lanche em horário de fechamento da revista, só que isso lá pelas quatro horas da madrugada.

Há muitos projetos de lei em trâmite no Brasil com o objetivo de reprimir o assédio moral. Existem também projetos para introduzir no Código Penal Brasileiro pena de detenção e multa àquele que se enquadrar nessa prática abusiva. A introdução do assédio moral no Código de Ética dos Jornalistas Brasileiros em agosto de 2007 é vista como mais um instrumento contra o abuso. Em dois capítulos diz que é dever do jornalista denunciar as práticas de assédio moral no trabalho às autoridades e, quando for o caso, à comissão de ética competente.

Margarida Barreto, especialista no tema, afirma que as denúncias têm de ser investigadas para que o sofrimento das vítimas não seja ampliado. A palavra combate não deve constar apenas no papel, observa: "Se já é difícil superar as agressões, imagine ter a denúncia engavetada". Realmente humilhante.

77 Negócios e finanças

Muitas habilidades são exigidas de um profissional de comunicação empresarial. Tradicionalmente exige-se a comunicação oral e escrita. O diferencial hoje do chamado profissional do futuro é a habilidade de tratar com o aspecto negocial. Se nos distanciarmos do business, da matemática, dos números, dos gráficos, vamos nos distanciar daquele chefe que tem a visão do negócio. E se não falarmos do negócio, nunca seremos chamados para reunião de cúpula porque para o executivo nós não temos essa visão contábil. Sem falar que precisamos ter conhecimento financeiro para saber mensurar, manejar e justificar orçamentos. Essa é a receita de Maria Russel, professora e diretora da Newhouse School of Public Communications, da Syracuse University, e escolhida a "professora do ano" em 1997 pela Associação Americana de Relações Públicas (PRSA) e que esteve recentemente no Brasil a convite do curso internacional da Aberje presidida pelo professor Paulo Nassar.

A disciplina Finanças não está presente nos cursos de graduação de comunicação. Russel diz que uma das alternativas seria fazer cursos em nível de pós-graduações ou correlatos nas áreas de economia e finanças para superar essa falha que os comunicadores têm em relação à interpretação dos números. Nos Estados Unidos tem cursos rápidos que duram um final de semana. Temos de investir na educação continuada, observa. Claro que não se aprende tudo, mas já dá uma ideia básica para que possamos lidar com esse novo universo. Para atuar na área de responsabilidade social, por exemplo, é necessário conhecer negócios. Somente quando os comunicadores invadem a área de negócios é que têm oportunidade de ter acesso às grandes decisões da empresa.

Hoje há nos Estados Unidos segundo contou a professora Russel uma ambiguidade muito grande em torno da figura do profissional de comunicação empresarial. Muitos o veem como um manipulador, que diz que algo é bom mesmo quando não é. É aquela pessoa que mascara os fatos. O problema, muitas vezes, está na empresa. Se você é um profissional ético e a companhia lhe força a manipular, a situação é muito grave porque você tem de escolher entre a ética pessoal e sua necessidade de sobrevivência, de ganhar seu salário.

A Universidade de Syracuse é considerada uma das mais conceituadas no ensino de comunicação do mundo, e a receita do sucesso é ter ótimos professores, fazer muitas palestras com especialistas de outros mercados. Nos últimos 15 anos eles têm conseguido integrar o acadêmico com visão prática.

Autora de um decálogo das principais habilidades do comunicador empresarial, Maria Russel ensina: I – Gerenciar o cenário como um todo; II – Saber liderar; III – Ter uma boa equipe; IV – Construir relacionamentos; V – Ser um educador e difusor da importância da comunicação para todas as áreas da empresa; VI – Ter capacidade de planejar a comunicação de forma integrada; VII – Criar estratégias de comunicação que auxiliem os negócios; VIII – Desenvolver políticas de comunicação para os diversos públicos da organização; IX – Produzir e mensurar resultados; X – Ser confiável nos momentos de glória e também nos de crise.

A DISCIPLINA FINANÇAS DEVERIA ESTAR PRESENTE NA GRADUAÇÃO DE COMUNICAÇÃO, PARA TODOS FALAREM A MESMA LINGUAGEM.

78 Criatividade e inteligência

Encontrar uma boa fonte não era tarefa das mais fáceis naquele tempo. O prefeito, nomeado pelo governador que também não disputava eleição, era o presidente do maior banco privado do país, Olavo Setúbal do Itaú. Uma das maiores fontes a que recorria era um especialista em questões de urbanismo, Vilanova Artigas. Sempre conseguia extrair dele uma opinião inteligente sobre determinada obra na cidade, de modo geral contra.

Um dia o prefeito reclamou das opiniões sempre contrárias do famoso arquiteto. Para esquentar ainda mais a reportagem, contei para a fonte que o prefeito havia reclamado, que ele dizia que todas as opiniões manifestadas tinham um único senão: o arquiteto não apresentava solução alguma para os problemas da cidade. A resposta veio de pronto. O arquiteto disse que manifestava sua opinião sim, mas como não era pago para isso, só dava palpite, não apresentava solução. Apenas apontava o problema, o que para ele já era muito. "Se o prefeito quiser uma solução, ele que me contrate", avisou.

Uma vez Vilanova Artigas projetou um belo edifício, o da faculdade de arquitetura da Universidade de São Paulo. Uma beleza – era o que todo mundo falava. À primeira vista, uma unanimidade. Só que sempre aparecem aqueles que são contra tudo e contra todos. Diziam que havia corredores muito longos, e que o autor do projeto não havia pensado em construir corrimão para proteger os usuários. "Diga uma coisa, professor, e se alguém cair?" – perguntaram para ele, que andava por um daqueles belos corredores. "Ora, se cair manda chamar a ambulância", respondeu.

Outro edifício que o grande professor havia planejado e construído, em Higienópolis, bairro elegante da capital paulistana, tinha um problema (sempre há um problema em projeto de arquitetura). É que bem no meio do prédio, à saída das escadarias, ele projetou uma coluna. Perguntavam por que ele havia projetado aquela coluna, ao que o professor respondia simplesmente: "Trata-se de um prédio de ricos, e quero que os ricos batam as suas cabeças, o problema é deles".

Ninguém contestava o bravo arquiteto. Mesmo porque não havia argumentos que demolissem seus projetos, nascidos de longo tempo em prancheta, onde utilizava régua e compasso. Como poucos, creio que mestre Vilanova Artigas realmente usou seu lápis, no papel esboçou edifícios, construiu bastante e, um dia, tornou-se lenda e virou nome de fundação, um exemplo para quem estuda arquitetura. Pelo rigor com que traçava cada obra para nós, profissionais da comunicação, ele é também um referencial, porque tinha sempre uma bela resposta a cada pergunta que poderia deixar qualquer um atônito, em maus lençóis, menos ele que combinava criatividade e inteligência.

79 Mergulho no outro

Encarregado de preparar a clipagem dos jornais desde a leitura na primeira hora do dia até a sua entrega a todos os diretores da empresa, o contínuo da assessoria de comunicação só não tinha entendido uma coisa: por que os cursos de jornalismo têm psicologia como matéria? Expliquei a ele que não só jornalismo, mas os cursos de relações públicas, publicidade e artes também tinham essa matéria nos primeiros dois anos básicos. Isso é necessário? – foi outra pergunta do mesmo adolescente, que pelo jeito com o tempo ainda vai pegar gosto pelo ofício.

Na mesma época em que o office-boy tinha essa questão em sua cabeça aconteciam dois fatos que mexiam com a chamada opinião pública. Primeiro: o caso da adolescente Suzane von Richthofen, que confessou ter assassinado os pais com a ajuda do namorado e de um irmão dele. Perto do julgamento o advogado da ex-estudante de Direito tentou um grande lance: primeiro ofereceu a matéria para a revista Veja e emplacou a capa. Segundo tempo: o advogado chamou a TV Globo e ofereceu a matéria para o programa Fantástico. Nesse veículo ele se enrolou todo porque sem saber que estava sendo filmado, instruiu sua cliente a mentir.

No caso Suzane a mídia agiu de forma burocrática, procurando as mesmas fontes de sempre, ou seja, o delegado, o juiz, o promotor, as testemunhas e nada além disso. Faltou um componente psicológico, digamos assim, embora isso não explique nem justifique os motivos que levaram uma jovem a matar seu passado e seu futuro.

Outro caso explorado pela mídia era a de um jovem administrador de empresas que esqueceu o filho de um ano e pouco no carro. Ele fazia o mesmo percurso todos os dias, seguia a mesma rotina ao levar a esposa a uma estação de metrô, deixava o filho na creche e estacionava o carro na academia onde trabalhava. Só que naquele dia fatídico inverteu a ordem. Sua mulher o confortou ao observar que ele sempre fora um "bom pai", e que não justificava o remorso de ter esquecido o filho como nos cinemas e, ao contrário das fitas de Hollywood, teve um final trágico. A melhor explicação para o caso, ouvi não dos psicólogos entrevistados, mas da delegada de polícia que registrou a ocorrência: a causa foi estresse dele, o mal de nossos dias, constatou. Essa mulher que anda armada conhece mais psicologia do que muitos profissionais do setor.

Mas, ainda respondendo ao futuro colega, nem sei de qual redação, se de jornal ou de assessoria, lembro que uma vez o jornalista Anselmo de Souza disse que o repórter tem de, necessariamente, ser mais esperto do que suas fontes: ele é mais astuto que o bandido, o político ou o empresário – mesmo porque, se não tiver mais traquejo e não conhecer o outro mais a fundo do que todos eles, o pobre coitado, que tem por missão mergulhar no outro, vira uma peteca nas mãos dos entrevistados.

30 Cultura em tempo integral

Jornalismo cultural é "uma loucura", define o editor do Caderno 2 do jornal O Estado de S. Paulo, Dib Carneiro em entrevista a Nathália Duarte do Portal Imprensa. Não se trata apenas de ir a teatro e ler livros: "Nós estamos 24 horas pensando na pauta e a família acaba inclusive acompanhando, uma família cultural". Começa pela rotina, pois Dib Carneiro que conheci nos tempos de reportagem da Gazeta de Pinheiros, é responsável pelo primeiro caderno a fechar, às 14h30, o que significa que não dá tempo para deixar para fazer toda a edição de manhã. A rotina do caderno começa, portanto, no dia anterior.

Ao fechar a edição, toda equipe corre para almoçar, porque o restaurante do jornal fecha às 15h00. Voltam e iniciam o planejamento. Decidem o que será capa, pensam nas pautas, as páginas são riscadas com o diagramador para que o repórter escreva sua matéria direto na página. No final do dia, o jornal já está praticamente pronto, falta acertar apenas alguns detalhes que serão finalizados na manhã do dia seguinte.

Às segundas-feiras existe uma reunião de pauta às 17h00, em que se planeja as edições da semana inteira. Decidem os eventos que vão cobrir, as capas de cada dia da semana, tudo. A equipe já é relativamente setorizada, pessoas gabaritadas para fazer tudo, sempre que houver necessidade. Acontece de chegar alguma coisa nova, aí a manhã é mais corrida.

Repórteres têm autonomia para sugerir e executar pautas. Tudo é conversado com o editor dentro e fora das reuniões.

Com os assuntos em mãos, o editor transmite para a equipe, para discutir o feedback, inclusive críticas. O assunto que os leitores mais pedem é cinema. Sua opinião sobre a preferência: "É mais barato, tem um cinema em cada shopping e, além disso, temos tradição de cobrir bem a área".

Hoje há uma infinidade de espetáculos em cartaz e muitas coisas acontecendo ao mesmo tempo: "É uma angústia, enquanto jornalista da área cultural, termos tantos lançamentos de livros, tantos eventos, tantas peças em cartaz e não conseguirmos organizar a agenda para acompanhar tudo isso".

Com relação ao material recebido das assessorias de comunicação, Dib Carneiro que já foi editor de roteiro da Veja São Paulo, diz que há bons, médios e maus profissionais, então chega muita coisa desnivelada por lá. Ele orienta os repórteres a pesar o que é bom, não ficar amarrado a pautas das assessorias e nem de agenda cultural. O desafio é descobrir coisas novas. Para isso, o trabalho tem de ser ininterrupto. Pensar a cultura o tempo todo é altamente estimulante.

31 Despedidas

Ao saber que iria embora a primeira ideia da chefe de redação daquela assessoria de comunicação foi encomendar um bolo para a festa de despedida. É uma das piores situações que alguém pode viver, essa de se desligar de algum lugar onde viveu bons momentos. Mas, nada de festejo, embora a desculpa da moça era a de que desta forma ela comeria sem culpa uma fatia de um delicioso bolo. Fez até cara de alguém que tem medo de comer e que, de repente, se depara com uma mesa farta com um bolo imenso cheio de creme, refrigerante, água e cafezinho.

Mas o homenageado não queria nada disso. Lembrou de sua infância, quando uma vizinha soltava fogos de artifício quando algum caminhão de mudança deixava a rua. Era sempre aos sábados que se fazia mudança. Ele ouvia os fogos e estava lá a vizinha festejando a ida do pessoal que ela considera verdadeiro "incômodo". Por isso ele sempre saia à francesa de qualquer evento, detestava despedidas formais, algumas com direito a tapinha nas costas e outros com lágrimas. Verdadeiro estresse.

Falar em estresse, a empresa International Managment Association fez pesquisa para chegar à conclusão de que empregado estressado produz menos e custa caro. O custo do estress chega a R$ 33 bilhões, o equivalente a 3,5% do Produto Interno Bruto, soma das riquezas que o país produz. O dinheiro diz respeito a tratamentos com a doença e perda de produtividade.

Ana Maria Rossi, presidente da empresa de pesquisa constatou que vivemos em um momento profissional competitivo. Os executivos passam 60 a 65 horas por semana disponíveis para a empresa, não cuidam da saúde e nem têm habilidade para relaxar.

O que fazer? Prevenção. Pelo menos 35% das empresas americanas têm programas de gerenciamento do estresse, o que resultou em menor número de vezes a consultas médicas. Um banco chegou a anunciar que fez um programa de apoio pessoal para apoiar os funcionários e familiares na solução de problemas pessoais, não entrou em detalhes por considerar a ação totalmente sigilosa, problema deles lá.

Efeitos do excesso de estresse, no entanto, extrapolam a esfera profissional. Segundo constataram médicos do Hospital Albert Einstein, o estresse diário faz com que a maioria dos executivos desenvolva sintomas físicos graves. Cerca de 20% são hipertensos, 50% têm alto nível de colesterol e 70% estão acima do peso. A carga de trabalho exageradamente alta pode explicar a elevação do estresse no trabalho. O brasileiro trabalha em média 52 horas por semana, mas a tendência é aumentar. A oferta de bônus de produtividade ilimitados e o planejamento irreal de objetivos podem explicar os motivos.

Mas, voltando a despedidas. Tem de se ir embora para não mais voltar ao mesmo lugar. Mesmo porque se alguém voltar a trabalhar no mesmo lugar, reza a lição oriental, pode-se deparar com duas situações, ou você mudou ou o lugar já não é o mesmo.

UMA DAS PIORES SITUAÇÕES QUE ALGUÉM PODE PASSAR É SER HOMENAGEADO SOB PALMAS, DISCURSOS E PIADAS PARA QUEBRAR O GELO.

32 Rumores e boatos

Berto Ferreira, grande repórter da sucursal paulista do Jornal do Brasil durante longos anos, cobria a área militar. Por conviver com oficiais das três forças armadas ele invariavelmente falava como se estivesse na caserna. Muitas vezes revelava conhecer outras áreas, como a cultura japonesa, dividida numa disputa para ver quem mandava na área, entre descendentes de moradores da capital Tóquio com a distante Okinawa de meus avós, mais perto da China. Ele sabia que a rivalidade fazia com que os descendentes buscassem a perfeição, mas isso levava muitas vezes a comunidade a se envergonhar de tanta disputa, tanta briga de egos. Interessante que ele, originário de portugueses, soubesse destas picuinhas tão próprias de uma comunidade oriental. Uma prova de que ele tinha fontes, muitos amigos nipônicos que lhe revelavam essas particularidades.

Jornalistas em início de carreira achavam que ele era muito mal-humorado. Somente os veteranos tinham a honra de desfrutar de suas tiradas inteligentes. Costumava repetir: "Hoje estamos tão sem notícia que não há nem boato".

Nos quartéis é comum o culto ao diz que diz, uma vez que por lá não fazem nada. Inventam trabalho, carregam pranchetas o dia inteiro, fingem estar sempre ocupados. Isso também é uma arte.

Em ambiente de assessorias de comunicação também é preciso fingir que se trabalha, uma vez que de modo geral os chefes ficam sempre de olho e querem todo mundo ocupado. Nem que essas pessoas estejam apenas navegando pela internet. Navegando não, "pesquisando" – como se diz. E perde-se tempo e a vida.

Mas Berto Ferreira era sempre muito ágil na busca de informação. Isso porque no tempo da ditadura militar, que durou exatos 21 anos (1964-1985), os patrões costumavam deslocar bons repórteres para cobrir a área. Mas quase nunca publicavam as informações. Eles faziam questão de ter essas informações em primeira mão. Misturavam-se ali muitos boatos. Ou rumores, para ser menos maldoso. Porque boato sempre parece coisa de artistas.

De uma certa forma o veterano plantonista falava uma verdade incontestável ao perceber que, em alguns dias, não havia no ar nem boato para ocupar os corações e mentes de alguns oficiais. Quando acontecia de ter algum sinal mesmo sabendo que tudo não passava de mera especulação, alguns oficiais davam mostra de seus dotes artísticos. Faziam drama, representavam como se estivessem em palco, simulavam batalhas que nunca aconteciam porque vivemos em um mar de tranquilidade sem igual desde que Cabral por aqui aportou.

Não deixava de ser um sinal para todos nós, tanto de redação de jornal quando de assessoria de comunicação ainda engatinhando naqueles tempos. O hoje lendário repórter mostrava assim que devemos, como os escoteiros, estar à procura de informação e para isso, de preferência sempre alertas mesmo em dia em que não havia nem mesmo boatos.

83 Amazônia

Sociedades bem mais complexas do que se imaginava há até bem pouco tempo na Amazônia começam a ser reveladas e podem mudar a História. Descobertas arqueológicas recentes indicam que essas cidades provavelmente não foram erguidas em cristal, ouro ou prata como se acreditava, mas com construções elaboradas, estruturas agrícolas e capacidades de abrigar populações numerosas. Esses povos podem até mesmo ter desenvolvido culturas mais elaboradas, com conhecimento matemático e astronômico.

Quem buscou o reino perdido da floresta amazônica foi um aventureiro inglês, Percy Fawcett, que inspirou o cineasta Steven Spielberg na trilogia Indiana Jones, anunciada agora a continuação da série com o mesmo ator Harrison Ford. Mas também havia inspirado os maravilhosos Arthur Conan Doyle em "O Mundo Perdido" e H.Rider Haggard de "As Minas do Rei Salomão" por aqui com bela tradução de Eça de Queiroz.

O explorador tinha uma capacidade de se meter em encrencas nos lugares mais exóticos do globo. O pesquisador britânico Chris Burden acaba de publicar artigo na última edição da Revista de História da Biblioteca Nacional: "Penso que muitos achados mostram que Fawcett, além de ser uma figura excêntrica e um produto de sua época tinha também uma intuição sobre determinadas coisas que só hoje começam a ser entendidas, como a complexidade de determinadas culturas indígenas. Ele sempre insistiu neste ponto e, agora, as novas descobertas parecem confirmar isso".

Desde garoto, na Inglaterra de 1867, Fawcett era fascinado por história antiga. Mostrava também inclinações esotéricas. Mas seguiu carreira militar, o que o levou a algumas regiões mais exóticas do globo. Foi em uma dessas expedições à fronteira entre Peru e Bolívia, em plena floresta amazônica que Fawcett ouviu, entre 1908 e 1914, os relatos sobre o reino de ouro e prata. De posse de um documento chamado Manuscrito 512, escrito pelos primeiros bandeirantes em 1750, ele intuiu que deveria haver no meio da mata uma grande cidade de pedra. Um médium dizia, em transe, que ele estava vendo uma antiga civilização destruída pelo mar. O explorador concluiu que tratava-se de Atlântida e que os sobreviventes do dilúvio tinham se refugiado na selva brasileira. Em 1921 e em 1924 ele embrenhou-se na mata à procura da Atlântida - e nunca mais foi visto.

O editor Luiz Fernando Emediato publicou pela Geração "Coronel Fawcet – a verdadeira história de Indiana Jones" de Hermes Leal. E os pesquisadores Mariana Petry Cabral e João Saldanha, do Instituto de Pesquisas Científicas e Tecnológicas do Estado do Amapá estudaram 127 blocos de pedra de até 4 metros de altura, dispostos em um círculo de 30 metros de diâmetro. A sombra projetada no chão pelo maior bloco de pedra do sítio desaparece em 21 de dezembro, dia do solstício de inverno, data em que o hemisfério norte se encontra em seu ponto mais distante do sol. E no Alto Xingu, por onde o explorador inglês andou e desapareceu, pesquisadores da Universidade da Flórida encontraram importantes vestígios de grandes assentamentos urbanos. Uma série de aldeias com praças, pontes, fossos e estradas dispostas paralelamente com bastante precisão indicam um conhecimento matemático sofisticado na análise dos cientistas.

A Amazônia ainda esconde muitos segredos.

84 Ética como valor

De um lado, a busca da qualidade de vida para as atuais e futuras gerações e, de outro, o grande avanço da tecnologia na área da informação e comunicação. Esses dois fatores independentes fazem com que os questionamentos éticos ao comportamento das pessoas, organizações e instituições estejam na ordem do dia no Brasil e no mundo. Profissionais da comunicação se veem constantemente colocados frente a dúvidas e questionamentos éticos em seu trabalho de divulgação. Já imaginaram divulgar algo que não existe? Este é o assunto do consultor em comunicação Mario Ernesto Humberg, químico por formação, no livro "Comunicação empresarial – estratégia de organizações vencedoras", organizado por Paulo Nassar e editado por Luiz Márcio Ribeiro Caldas Junior da Associação Brasileira de Comunicação Empresarial, a Aberje.

Ao se ver diante de dilemas éticos, o profissional de comunicação deve agir como os advogados em defesa de quem infringiu a lei e argumentam que todos tem direito universal à defesa? Vejamos os casos em que produtos ou serviços apresentam problemas e, ao ser informado, o acusado garante que está fazendo de tudo para solucionar a questão.

Isso é verdade? O que fazer neste caso? Para o autor do ensaio, há apenas um caminho a seguir: investigar, no limite do possível, a verdadeira situação para ver se há algo de honesto na forma de agir do acusado. Passa, a seguir, a questionar a empresa.

Algumas perguntas que podem e devem ser feitas na visão do ensaísta: a empresa suborna fiscais, dirigentes de órgãos do governo, políticos e outros? Tem um procedimento ambiental correto? Procede de forma adequada com seus empregados? Respeita os usuários ou consumidores? Joga limpo em relação aos concorrentes? Paga seus tributos? Infelizmente, o próprio autor lembra que por aqui vigora a lei do mais forte (manda quem pode e obedece quem tem juízo), a lei de Gerson (é preciso levar vantagem em tudo), a lei do Robertão (é dando que se recebe) e a Lei de Beliza (se os outros podem, por que não eu?). Acontece também que todos nós, profissionais que trabalhamos com informação e processos que influenciam a opinião pública temos ainda responsabilidade mais intensa com a ética que tem de estar presente em todos os nossos atos e ações, caso contrário nada tem sentido na vida.

* O meio de campo Gerson fez campanha de lançamento dos cigarros Vila Rica, concorrente da Souza Cruz em que dizia: "Eu gosto de levar vantagem em tudo", referindo-se ao principal diferencial do produto que era o preço. Roberto Cardoso Alves, deputado e ministro do presidente José Sarney ao explicar as inúmeras concessões de emissoras de rádio para políticos evocou a oração de São Francisco "é dando que se recebe". A jornalista Beliza Ribeiro assessorou o então presidente Fernando Collor de Melo, e tornou-se conhecida mais tarde apenas como mãe do cantor de rap Gabriel o Pensador.

AVANÇOS NA TECNOLOGIA E BUSCA DE QUALIDADE DE VIDA SE CONTRAPÕEM NO BRASIL E NO MUNDO, MAS COMO AGIR NESTA HORA?

85 Entrevista

Ao se pensar no jornalismo na internet a tendência é tentar, na verdade, colocar no computador exatamente o que está no jornal impresso. E são coisas completamente diferentes. São conteúdos diferentes e o público é diferente, porque ninguém que está lendo na internet tem paciência de ler textos longos, que é o caso de uma entrevista desse tipo. Talvez por isso as entrevistas pela internet ainda aconteçam pouco. Quem está sendo entrevistada é a jornalista Carla Mühlhaus em seu livro "Por trás da entrevista", editora Record. Aos seus alunos da Universidade Federal do Rio de Janeiro ela contou que tem conversado sobre o assunto com alguns jornalistas e o fato é que poucos usam esse recurso, às vezes até por preconceito, porque muitas vezes a entrevista na internet é considerada tão chata como aquela que precisa ser feita por fax. Ou seja, uma entrevista fria. Ela acha que a entrevista eletrônica nunca vai ter o mesmo colorido de um encontro pessoal. Porque você não tem a interferência da casa do entrevistado, as discussões são difíceis de acontecer e você perde muita coisa até pelo tempo necessário para teclar perguntas e respostas. Carla acredita que ainda está para chegar ao Brasil um estilo de entrevista eletrônica que realmente conquiste o leitor.

Não há jornalismo sem entrevista. Nos primórdios do jornalismo era impossível obter uma informação sem uma comunicação pessoal. O contato verbal é a base do jornalismo. Pode-se contar com agências de notícias, com a televisão, com as informações on-line. Mas têm coisas que a gente só consegue no contato pessoal. Como saber detalhes de bastidores de uma filmagem de cinema sem estar presente em um set? Uma conversa sempre pode render outros assuntos fora da pauta que poderão ser aproveitas mais tarde, em outras matérias.

Hoje tem faculdades que têm cursos só de entrevistas. Para fazer sua dissertação de mestrado, Carla procurou Ana Arruda, Artur Xexéo, Benício Medeiros, Carlos Heitor Cony, Joaquim Ferreira dos Santos, Joel Silveira, José Castello, Paulo Roberto Pires, Sérgio Cabral e Zuenir Ventura. Joel Silveira disse que ela deveria pagar pela entrevista. Não pagou. Ficou sem graça. Aconteceu comigo também o mesmo quando dirigia o jornalismo da TV Gazeta. Eu havia convidado um crítico de literatura para dar entrevista e ele perguntou quanto pagaria, eu respondi que a emissora mandava um carro buscar o convidado, que não passava disso. Hoje, à distância, creio que o convidado estava certo em requerer um cachê por sua participação em televisão.

Há uma fórmula para se fazer uma boa entrevista? O jornalista Frank Banfield, em 1895 respondeu: "Às vezes ela pode tomar a forma de um artigo intercalado por diálogos, às vezes de um claro monólogo. Não há como fixar regras. Cada entrevista precisa ter um colorido particular". Ou, como a própria autora conclui, quando a entrevista fala por si é que seu registro vale a pena.

86 Escrúpulos

Inquietos e sempre à procura de novos caminhos, inevitavelmente os estudantes fazem a pergunta: "Você trabalharia para a indústria tabagista?", na esperança de que eu responda com um óbvio e sonoro "não". Acontece que eu respondo com toda sinceridade: "Trabalharia sim, e ainda devolvo a pergunta: por que não?". Sei dos males do fumo. Outro dia contei para um animador cultural que nunca havia colocado cigarro na boca, ao que ele, lépido e saltitante, respondeu: "O que já coloquei na boca, meu filho, nem o diabo imagina..."

De vez em quando a Souza Cruz me manda cartão colorido com um magnífico pôr-de-sol, árvores, água, vento, enfim, tudo o que eles dizem preservar. Mostram que têm consciência ecológica, que são politicamente corretos e que respeitam a natureza.

Pouco se sabe dos problemas trabalhistas nestas empresas. Espero que elas também respeitem seus empregados, que os tratem e os respeitem bem.

Se o cigarro e a bebida são vendidos abertamente em qualquer boteco, porque as drogas continuam proibidas? Porque não liberar logo o que existe e parar de fingir que há uma perseguição implacável a essa mercadoria, que se apreende não sei quantas toneladas por dia e informar que foram presos quadrilhas de traficantes, essas notícias que a polícia gosta de dar e a imprensa adora mostrar? Se a droga fosse liberada ela também seria controlada pelo setor de saúde pública. Não mais seria caso de polícia.

Mas, vamos voltar à pergunta inicial. Eu trabalharia não só para a indústria do fumo e da bebida, mas também para políticos. Não vou pedir atestado de bons antecedentes para cliente nenhum, porque essa tarefa cabe à Justiça Eleitoral, não aos comunicadores. Como também não vou pedir atestado negativo dos débitos junto à Fazenda da empresa a que vou prestar serviço. Muito menos pedir atestado ou investigar a vida pregressa de empresários. Se achar que todo político é corrupto e que todo empresário faz caixa dois não vou mais trabalhar por entender que todos são iguais.

O profissional que presta assessoria para uma figura pública, artista, empresa ou para a área governamental não tem de ter outra preocupação a não ser de primar pela qualidade de seus préstimos. Tem que trabalhar direito, dentro dos limites da ética, não mentir, não faltar com a verdade e não transigir em momento algum.

Quem julga os outros pelo que é acaba, inevitavelmente, se cobrando mais ainda do que deveria. Seria bom os comunicadores deixarem de lado certos escrúpulos que não levam a nada. Trabalhar, e bem, ainda é a melhor saída para qualquer dessas dúvidas que a meu ver nem deveriam existir. Mas, se mesmo assim ainda persistir as dúvidas, creio que todos têm o direito de expressá-las.

37 Espiões

A presidente do conselho da Hewlett-Packard, Patrícia C. Dunn, foi a primeira baixa nas fileiras da companhia devido à revelação de uma operação de espionagem interna. Outro personagem envolvido é George Keyworth II, ex-conselheiro de ciência da presidência dos Estados Unidos, membro do conselho da HP desde 1986. O presidente executivo do gigante da corporação, Mark Hurd, que deverá substituir Dunn, disse que os investigadores contratados pela HP para identificar as fontes de vazamentos de informações confidenciais sobre a empresa usaram métodos indevidos.

A investigação teve início em janeiro de 2005 e entrou em sua segunda fase em janeiro de 2006. Detetives foram contratados pela HP para descobrir a fonte de vazamentos à imprensa de reclamações do conselho sobre a então presidente da empresa, Carly Fiorina, que acumulava as presidências do conselho e executiva – e que caiu em fevereiro de 2005.

Os detetives se fizeram passar por outras pessoas para acessar registros telefônicos de diretores da HP e de jornalistas que fizeram reportagens e tiveram seus registros telefônicos acessados pelos detetives. Fazer se passar por outra pessoa para obter dados, pelo menos na Califórnia, é crime.

Inicialmente Patrícia Dunn disse não saber que os detetives contratados tinham usado técnicas ilegais. Isso é comum em empresas que contratam serviços, elas não monitoram o trabalho e depois quando dá erro, procuram lavar as mãos transferindo aos prestadores contratados toda a responsabilidade da burrada. Se tudo der certo, as empresas contratantes procuram colher os louros, dizendo-se responsáveis pelo sucesso.

Outro problema também comum nas corporações é a contratação de pessoas eminentes para ocupar cargo em seus conselhos. Foi o caso de George Keyworth II, que disse entre outras coisas que a assessoria de comunicação da empresa pedia, com frequência, que ele falasse com os jornalistas. Nos Estados Unidos o trabalho de um executivo é muitas vezes avaliado positivo - na medida em que ele fala para a sociedade e, neste caso, a mídia nada mais é do que simples canal de comunicação.

Havia muitas reclamações de membros do conselho sobre a presidente da empresa. Isso é uma cena comum em qualquer corporação. O que não pode é culpar a mídia pelos erros dos detetives que vivem ainda nos tempos da guerra fria, vestem-se com capas de chuva e disparam suas armas em alvos errados por serem apenas mercenários ruins de tiro.

38 Espírito de repórter

Adoniran Barbosa ganhou direito recentemente a uma exposição de fotografias no Museu da Imagem e do Som (MIS). Sempre que se lembra de sua figura associa-se inevitavelmente a São Paulo. Ele foi de fato um grande amante mais do que da cidade, de seus personagens. Mas não pensem vocês que o grande compositor, cantor e sambista trabalhava só, ele tinha parceiros tanto na música quanto nos textos, pois viveu de rádio em um tempo em que não haviam inventado o gravador, tudo era feito ao vivo e no mais absoluto improviso. Iracema, um dos grandes sucessos, falava de uma mulher que fora atropelada na Avenida São João. Uma namorada, uma aventura amorosa, uma companheira, alguém de sua intimidade? Nada disso, uma composição feita a partir da leitura de nota em jornal.

Sempre que uma pessoa chamava sua atenção, Adoniran Barbosa pisava na redação e contava para o produtor Osvaldo Moles, que passava tudo para o papel para não esquecer. Anotava na máquina de escrever o que o personagem fazia, os trejeitos, os cacoetes, o jeito do olhar, da fala, do andar, enfim, tudo era registrado. Eles funcionavam como uma espécie de dupla de criação que atuam nas agências de publicidade. Volta e meia encontrava Adoniran com seu chapeuzinho que tinha a cara dele, hoje fora de moda, e o paletó xadrez pelos lados da Praça da República – e ele balançava a cabeça em cumprimento. O jornalista Assis Ângelo lembra que o danado era doido por uísque Old Eight, pediu alguns textos para o jornal Um dois, feijão com arroz e deve ter ainda alguns escritos inéditos que um dia deverão ser conhecidos do grande público.

O escritor José Louzeiro conta no livro "Isto não deu no jornal", Editora do Brasil, que Nelson Rodrigues trabalhava a qualquer hora fazendo adiantamento de sua coluna "A vida como ela é", mas para isso necessitava das cópias das matérias apuradas por dois repórteres de sua preferência: Pinheiro Júnior e Antônio Carbone. No final da década de 1950, no Rio de Janeiro a crônica policial registrou uma onda de suicídios de noivas. Essa temática interessou a Nelson que vivia cobrando detalhes a seus colaboradores.

Em um determinado caso a noiva tomou formicida Tatu, mas não morreu. Foi levada ao hospital de pronto-socorro, enfrentou os horrores da lavagem estomacal e, por fim, terminaram por colocá-la na UTI, onde se manteve entre a vida e a morte, face ao "tresloucado gesto", expressão muito usada à época. A aventura sentimental da menina-noiva empolgou Nelson de tal forma que, além de caprichar no texto, fazia verdadeiros monólogos enquanto rememorava o "tresloucado gesto". Chamou a menina de "a pequena deusa suicida". Um dos repórteres tinha vindo da rua e garantiu que somente um milagre salvaria a noiva. O veneno, extremamente tóxico, queimara-lhe o esôfago e todo o aparelho digestivo. Seu desenlace seria questão de horas. Nelson passou a referir-se à sua personagem como sendo "a falecida, a alma do outro mundo". A caminho do céu ou do inferno? - perguntava.

Adoniran e Nelson, ambos grandes observadores do grande teatro que é a vida que nos cerca. Uma magnífica aula de como devemos nos comportar em uma assessoria de comunicação: observar, estar atento ao que acontece em torno de nós, anotar e, quem sabe, deixar isso tudo em livro ou em peças - exatamente como eles deixaram registrado para a eternidade.

O GRANDE ESCRITOR, HOJE IMORTALIZADO, TINHA APURADORES DE QUEM COBRAVA DETALHES PARA CIMENTAR AINDA MAIS O CAMINHO DAS BOAS HISTÓRIAS.

39 Ética e técnica de comunicação

Guerra de ideologias, busca de objetividade, apreensão da realidade e de algumas técnicas jornalística. Ali Kamel, o diretor-executivo da Central Globo de Jornalismo abordou estes temas na palestra "Discussões teóricas sobre o jornalismo" para uma plateia de estudantes da PUC do Rio. Registros fotográficos e audivisuais não foram permitidos pelo palestrante, informa Thomas Freund do Jornal da PUC.

Formado em jornalismo pela mesma universidade onde fez palestra e também em Ciências Sociais pela Universidade Federal do Rio de Janeiro, 23 anos de experiência em redações de jornal e de televisão fez com que o palestrante repudiasse qualquer forma de parcialidade e a ideia de jornalismo de esquerda e de direita, como numa batalha ideológica. Para ele, o relato deve ser o mais puro e isento possível, acompanhado de um certo grau de objetividade.

Reputação jornalística para o palestrante requer, em primeiro lugar, qualidade e isenção, independentemente de uma matéria possivelmente desagradar a alguém: "Se eu pensar em deixar de noticiar algo para não prejudicar uma pessoa ou uma empresa, devo pedir demissão e abandonar a carreira. Em primeiro lugar está o compromisso com o público".

Discussões dentro e fora das redações foram exaltadas pelo palestrante. Jornalismo saudável para ele é o que tem pessoas diferentes ocupando posições de influência: "Diagramadores, fotógrafos, repórteres e redatores devem dialogar entre si, sem que haja a figura de um profissional autocrático e ditador".

Mas, como explicar as pautas dos grandes jornais serem quase idênticas? "Isso demonstra a preocupação do que vai afetar o cidadão, daquilo que realmente faz a diferença. O momento histórico e o código de conduta também tornam a pauta parecida".

E quando houve a queda do avião da TAM e a TV Globo continuou exibindo a novela das 19h enquanto os acontecimentos iam se sucedendo? "Priorizamos a informação. Não queríamos tratar de um assunto delicado com incertezas. Diferentemente da Rede Record, não somos sensacionalistas nem fazemos narração de espetáculo", afirmou, referindo-se ao jornalista Datena que depois foi para a TV Bandeirantes.

Ética, inviabilidade de se produzir matérias 100% objetivas, a imprensa sob forte controle social e a ilusão de jornalistas que acreditam numa única fonte ou almejam chegar a uma verdade – tudo foi discutido. O professor Paulo Rubens do Departamento de Comunicação da PUC passou a acusar a Rede Globo. Kamel foi o responsável pela edição do Jornal Nacional que ignorou a queda do avião da Gol para levar a eleição de 2006 para o segundo turno. Aí houve discussão mais áspera, de acordo com o relato também publicado no Portal Comunique-se. Mas ao fim, com a ordem já restabelecida, os fortes aplausos apontavam para o sucesso da palestra. Valeu.

90 Os fatos surpreendem

O jornal carioca O Dia lançou com grande alarde uma nova seção em seu site, "Você faz a notícia". Na esteira das publicações que têm aderido ao chamado jornalismo participativo, o diário aposta na nova geração da internet feita com as mãos e a cabeça dos usuários, a chamada web 2.0.

Na versão impressa, o jornal já tem espaço na página 2, que também vem publicando fotos dos leitores. "Ao abrir suas páginas para o jornalismo participativo, nas edições impressa e online, o diário "multiplica os olhos atentos que têm pela cidade e reforça o compromisso com seus leitores", diz o jornal.

Em São Paulo a rádio Eldorado ouve o que chama de "ouvintes-repórteres", ou seja, alguém que está no trânsito caótico entra o ar e conta o que está acontecendo à sua frente. Muitas vezes esses ouvintes recorrem aos jargões da comunicação e desmentem a informação passada pelos repórteres. É de se perguntar: em quem acreditar? Quem está preparado para passar uma informação? Um repórter que se preparou para isso ou um ouvinte movido apenas pela vã curiosidade?

Não é preciso inventar a roda. Os jornais, rádios, portais informativos, televisão ou revistas têm de se preparar para cobrir os fatos e, para isso, é preciso investir em equipes, em repórteres. É só estar atento.

Recentemente um garoto de 5 anos de idade fantasiado de Homem-Aranha entrou em uma casa no meio de um incêndio para salvar um bebê de 1 ano e 10 meses. Aconteceu em Palmeira, Santa Catarina. Riquelme Wesley dos Santos brincava de carrinho na casa da vizinha, que lavava roupa nos fundos da casa. A filhinha dormia no berço, no quarto da frente. O menino percebeu o início do incêndio. Abaixou-se, tapou o nariz com os dedos e entrou na casa. Retirou o bebê pelas pernas e o entregou à mãe, aflita àquela hora. Em seguida, os bombeiros chegaram.

No mesmo dia, em São Paulo, um grupo se preparava para invadir um condomínio de luxo na Lapa. Usava uma perua que seria usada para entrar no local. Um policial leu o adesivo com a inscrição: "Império Santa Maria", e tinha até endereço eletrônico: www.isantamaria.com.br. Concluiu que havia algo de errado. No Fiat Doblò foram presos três homens com ferramentas usadas para arrombar cofres. Outro veículo próximo tinha quatro homens fortemente armados que também foram presos. O delegado que prendeu a quadrilha observou que eles eram muito bons do ponto de vista operacional, mas péssimos no gramatical.

E no dia anterior em Olinda, PE, o Ibama apreendeu 25 galos de briga em uma rinha clandestina. Por decisão da Justiça os bichinhos foram doados ao Hospital do Câncer de Pernambuco para que servissem de alimento a cerca de 300 pacientes. Um banquete caro, porque cada ave chega a custar até R$ 5 mil. A decisão judicial pediu agilidade na doação dos animais, de forma a evitar que os antigos donos conseguissem reaver os galos através de liminar e assim, darem prosseguimento às sangrentas rinhas.

Os fatos surpreendem e, como se vê, muitas vezes ultrapassam a linha da imaginação dos mais férteis ficcionistas.

91 Fontes murmurantes

"Ai, essas fontes murmurantes/Onde mato a minha sede", compôs Ary Barroso e ao ouvir a bela melodia, muitos jornalistas acreditaram que vão recorrer sempre à mesma nascente para onde todos inevitavelmente vão. Por que isso acontece? – perguntam sempre que o assunto é notícia. Ou seja, por que os jornalistas recorrem aos mesmos nomes de sempre em todo noticiário? Não há outras pessoas para falar de certos assuntos que estão na ordem do dia? Por que têm de se ouvir as mesmas pessoas?

Pensa-se em um assunto como os tributos que são sempre penosos para nós, pobres trabalhadores e contribuintes, e lá vem o mesmo advogado que vai falar a mesma coisa como há dezenas de anos. Uma operação plástica e é inevitável o mestre famoso em sua ilha, se não for possível nem pensar em outro nome, embora tenhamos médicos excelentes nesta área. Na seara da defensoria do consumidor? Na área esportiva? E com relação ao trânsito, à educação, ao caos urbano? Sempre os mesmos nomes.

À primeira vista todo esse pessoal tem uma excelente assessoria de comunicação por trás. Nada mais errado. Muitas vezes eles não contam com jornalistas a não ser para convidar alguns colegas nossos que ocupam cargos em chefia de jornal para um eventual almoço ou jantar. Pagase a comida e como não há cafezinho grátis, tem-se uma entrevista como retribuição. É a velha mania, o mesmo estilo de sempre.

A culpa é de quem, afinal de contas? Do pessoal que faz a pauta dos jornais, não é mesmo? Por que eles têm de colocar na ordem do dia sempre os mesmos nomes? Porque é fácil, não dá problema e assim eles podem dormir com a consciência tranqüila do dever cumprido.

Imagina se por um descuido qualquer o pauteiro manda entrevistar uma pessoa que questiona e com crítica profunda, feita com muita precisão, afinal o assunto ele inevitavelmente conhece. Pode dizer, por exemplo, que tudo aquilo que estava preconsebido não procede. O editor vai cortar. Ou vai deixar a matéria ser publicada, o que poderá causar problema. Mas, que tipo de problema? A meu ver, nenhum.

O que esse pessoal acostumado a beber na mesma fonte de sempre tem de fazer é perder o medo. Mudar às vezes não tira pedaço de ninguém, é até um exercício saudável.

Outro dia conversando com a produtora de programa de televisão voltado para o público feminino, ela disse que o apresentador não gosta de muitos assuntos e que em alguns casos também não quer que sua equipe dê sugestão, porque se isso acontecer, ele veta as matérias, uma vez que é amigo de muita gente. O bonitinho confunde as estações. Só não perguntei o que ela ainda está fazendo por ali porque sou pessoa de boa educação e respeito o trabalho alheio, mas, pelo andar da carruagem, senti que ela está sobrando naquele quadro de produtores.

A televisão, o rádio, o jornal e os portais têm invariavelmente os mesmos assuntos porque um copia do outro. Se não estiver nos autos, não está no mundo, reza a lei jurídica, e talvez isso esteja servindo de parâmetro também para a mídia, daí se pode entender também por que há uma crise nesses meios todos: falta imaginação, falta ousadia, falta renovação – em suma, falta coragem.

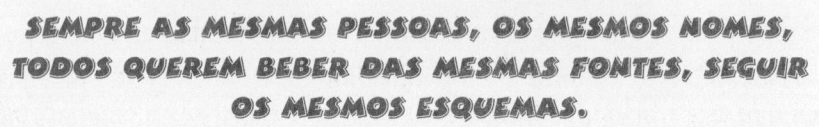

SEMPRE AS MESMAS PESSOAS, OS MESMOS NOMES, TODOS QUEREM BEBER DAS MESMAS FONTES, SEGUIR OS MESMOS ESQUEMAS.

92 Fontes são sempre sagradas

A Holanda dos tamancos, das flores e dos doces acaba de ser condenada pelo Tribunal Europeu dos Direitos Humanos por tentar forçar um jornalista a revelar sua fonte. A Justiça daquele país usou como argumento que pretendia elucidar um caso que investigava. A corte em Estrasburgo julgou que a Holanda violou o direito à liberdade de expressão do repórter Koen Voskuil, do jornal Splits, assim como seu direito à liberdade. Koen ficou preso durante mais de 15 dias para ser forçado a divulgar o nome do policial que utilizou como fonte em uma reportagem, o que ele não fez, preferindo preservá-lo no sigilo.

O episódio ocorreu em setembro do ano 2000, quando o Tribunal de Apelação de Amsterdã ordenou Koen a dizer quem havia passado as informações que ele publicou em uma série sobre uma operação policial. Esta ação levou à descoberta de um arsenal e, por fim, à condenação de três pessoas por tráfico de armas.

Nas reportagens, o jornalista dizia que um policial tinha assegurado, sob anonimato, que houve uma montagem para efetuar as prisões. Ele se negou a revelar a identidade da fonte quando os juízes de Amsterdã fizeram esta exigência, com o argumento de que o ato era necessário, porque isso podia questionar a condenação contra os traficantes e, assim, colocar em dúvida a integridade da polícia e da justiça.

O Tribunal dos Direitos Humanos ressaltou na sentença que o interesse da justiça holandesa na identidade da fonte "não era suficiente para sobressair" sobre o interesse do jornalista em garantir o anonimato.

Os magistrados europeus manifestaram surpresa com "os extremos que as autoridades holandesas estavam dispostas a recorrer para conhecer a identidade da fonte". Para o tribunal em Estrasburgo, utilizam-se métodos tão radicais que podem desencorajar as pessoas que têm informações exatas e precisas em casos conflituosos a comunicá-las à imprensa. "Em um país democrático regido pelo Estado de Direito, o recurso a métodos indevidos por uma autoridade pública constitui justamente o tipo de tema sobre os quais o público tem direito a ser informado" – completou a sentença.

A Privacy International em estudo recente diz que o direito de proteção a fontes jornalísticas está ameaçada, principalmente em democracias. Centenas de países adotam leis que mantêm ocultos informantes jornalísticos, porém este sigilo é quebrado regularmente por escutas legais e ilegais, e isso é permitido, pois, muitos países não têm nenhum tipo de lei que isente jornalistas de buscas policiais.

A Federação Internacional de Jornalistas ressaltou que é cada vez maior a interferência de governos nos conteúdos midiáticos. Na cidade de Estocolmo, na Suécia, policiais invadiram uma rede de televisão na intenção de obter dados sigilosos sobre um repórter. A polícia queria encontrar cópia de conta de restaurante que confirmaria o encontro entre repórter e importante membro do governo sueco. Não achou a "prova do crime". Mas o ato, em si, bastante assustador, expõe a fragilidade de nossa profissão.

93 Fórmulas prontas

Todo começo é sempre difícil, mas em jornalismo acho que todo mundo deveria entrar pela editoria de polícia. Isso porque o iniciante vai conversar com os mais espertos, ou com quem se julga mais habilidoso do que o outro, o que nem sempre corresponde à verdade.

Mas há aqueles profissionais que adoram outras áreas, como as chamadas editorias de variedades e nem sempre têm chance de fazer matérias neste campo que, acreditam, são mais suaves. Nem sempre isso também é verdade, lembrem-se do caso da repórter que fez a capa da revista que jogou o cantor Cazuza às traças, como se ele tivesse agonizando em praça pública em seus dias finais. A menina ficou tão indignada que pediu sua demissão por telefone e nunca mais pisou na redação da revista.

Sei de caso de grande repórter que sempre quis fazer matérias na área de artes e espetáculos, mas a direção do jornal nunca permitiu, uma vez que o rapaz é muito bom em levantar casos escabrosos na justiça.

Cobrir determinada área requer antes de tudo ter boas fontes. É preciso circular todos os dias, ligar, conversar mesmo que seja para um simples bate-papo. Porque um grande assunto pode surgir de uma conversa sem compromisso.

Mas quando comecei percebi logo que as notas policiais tinham um começo, meio e fim. O chamado lide, como os americanos sistematizaram, eles que são craques em praticidade. Copiei algumas notas, mudei apenas os nomes dos protagonistas e, a partir daí, ganhei elogio do editor e do secretário de redação.

Passados mais de três décadas, o que vejo em redação de assessoria de comunicação? Um monte de estagiários sendo treinados para seguir um modelo. Uma fórmula pronta. É só seguir que tudo está bem. Há uma espécie de receita culinária. Ou o molde de uma calça, paletó ou de uma camisa. É só vestir. Está curto? Está comprido? Não há problema, basta alguns ajustes.

Os estagiários estão sendo jogados às pencas por institutos mantidos por empresários. Vão para as redações como se fossem para um campeonato. Quem os instrui também tem pouca paciência. Explicam como as coisas funcionam e querem ficar longe dos problemas.

Nada melhor, portanto, do que seguir normas. São os tempos globalizados, dizem, onde todo mundo é prático. Até para aceitar isso tudo como normal eu precisaria apertar um botãozinho, mas talvez os problemas estejam justamente aí, em aceitar que tenhamos todos um chipizinho em nossos neurônios implantado pelos chamados novos tempos.

04 Imaginação e exagero

Era o maior mentiroso da rua, todo mundo sabia. Contava mil mentiras, nada que colocasse a vida de alguém em risco, mas todos viam que eram historinhas fantásticas, inventadas, inverossímeis logo à primeira vista. Sempre que convocado a voltar à vida real, o pinóquio respondia: "Sei que estou mentindo, mas me deixa mentir, ainda que um pouco".

Nas redações de jornais e de assessorias de comunicação não me lembro de ter encontrado mentiroso algum. Talvez porque uma das regras para se trabalhar com a informação seja exatamente a verdade. Não se pode admitir repórter que conte e viva da mentira, embora muitos façam disso justamente seus credos e meios de vida. Mas esses são fofoqueiros, não jornalistas.

Um gaiato que aparece na televisão falando da vida dos artistas de novela fez de seu bordão "eu aumento, mas não invento". O que dá no mesmo. Porque se ele soube de um fato e sabe o que representa esta notícia, o certo seria que ele transmitisse o que ouviu tal como ele é. Não pode haver exagero na notícia. Nem invenção. Mesmo os mais respeitados ficcionistas lembram que transmitem o que eles um dia ouviram alguém contar, quando não presenciaram os fatos com seus olhos e depois passaram a história para o papel.

Perguntei uma vez a um colega que era bastante respeitado em jornal se ele tinha encontrado preconceito por ser ficcionista, ainda que se tornara mais conhecido como repórter do que como contista. Ele foi dirigir o departamento de comunicação de multinacional, escreveu alguns romances e disse não ter encontrado nenhum problema por ser, ao mesmo tempo, ficcionista e redator. Uma coisa não tinha nada a ver com a outra, ou no fundo bem no fundo tinha sim, uma vez que todo ficcionista tem um compromisso com a verdade. Ficcionistas que passaram por redação dizem que o jornalismo mata a vocação de romancista porque o redator tende a enquadrar os textos e o ficcionista faz o contrário, ou seja, tem a sagrada missão de alargar os horizontes.

Algumas pessoas duvidam dos ficcionistas, acham que eles exageram ao relatar um fato tirado da vida real. Quanto maior o exagero, maior o interesse que o escritor desperta. Seus leitores querem ler histórias bem contadas, não importa se elas sejam verdadeiras ou inventadas – tanto faz.

O profissional de comunicação é sempre cobrado, ele é um ser em permanente exposição aos olhos dos outros. Outro dia almoçando com um vendedor de plano de saúde, ele me perguntou o que faço na vida e ao saber que sou jornalista disse que eu tinha optado por uma profissão a seu ver "bem bonita". Perguntei o que ele entendia por "bem bonita", ao que ele respondeu que a maior das virtudes estava na procura permanente da verdade. "Vocês têm um compromisso com a ética, tudo o que fazem tem a ver com a melhoria da sociedade". Puxa vida, fiquei mais orgulhoso ainda da profissão e não sei por que veio à minha cabeça a imagem do mentiroso de minha infância que pedia para contar suas mentiras sem amarras. Não que o vendedor tenha se equivocado a respeito da função dos comunicadores, muito pelo contrário, creio que ele acertou no alvo. É que nunca mais vi ou soube notícia do embusteiro da minha infância e, sinceramente, torço para que ele tenha se dado bem na vida – longe da mentira, é claro.

05 Investimento em pessoal

Jornalismo é investimento. Existe hoje um "desinvestimento" muito grande em pessoal. Existe cada vez menos gente destacada para ficar um tempo em cima de um determinado assunto. Investiram muito em tecnologia e na comercialização do produto, mas não investiram na redação. Os correspondentes dos jornais raramente variam. A produção é de fora para dentro. Não há uma atividade do jornal em buscar o seu tema. Quem vê o noticiário da noite não precisa ler os jornais de manhã. Sobram as colunas e os artigos.

O autor do parágrafo é Roberto Pompeu de Toledo em entrevista a Pedro Venceslau na revista Imprensa. Um colunista privilegiado da revista Veja, que escreve para 1.226.069 pessoas, sempre no espaço mais nobre: a última página, batizada "Ensaio". Tem carta branca para escrever o que bem entender: "Meu fechamento é na quinta-feira. Fico ligado em tudo. Muitas vezes o assunto não pode ser outro, como no caso do desastre do avião da TAM. O ângulo tem que ser sempre diferente daquele que já foi exaustivamente explorado pela imprensa diária. A regra de ouro é evitar chover no molhado. Em outros casos, um fiapo de coisa vira um assunto".

Já aconteceu de chegar na quinta-feira sem assunto? Já, confessou, diversas vezes: "Corro o risco de escrever uma coluna ruim. Já escrevi muita coluna ruim".

Coluna é uma coisa nova, que não existia em revista. Pompeu é editor especial, mas como ele mesmo diz, não edita nada. Faz a coluna e eventualmente algumas matérias. Sua impressão sobre a imprensa hoje: "Os ambientes são assépticos, silenciosos. Às vezes parece até uma nave espacial. Há um contraste enorme com as redações dos meus primeiros tempos: eram sujas, barulhentas, cheias de papel. Os papéis de telex....O telex fazia um barulho enorme. Outra grande diferença: as redações eram notívagas. Os jornalistas eram, portanto, mais boêmios. O pessoal saía de madrugada com a cabeça superestimulada e não ia para casa, ia para os bares. Hoje em dia as redações fecham às 19hs. Uma coisa espantosa. No meu tempo no Jornal da Tarde, fechávamos às 2, 3 horas da manhã. Quanto mais avança a tecnologia, menores são os prazos de fechamento. Isso é uma contradição da era contemporânea".

Ainda tentando encontrar uma explicação para a falta de aprofundamento maior da mídia nas pautas, o colunista da Veja diz: "No Brasil, a imprensa é monotemática. Um assunto substitui o outro. Especialmente no caso dos escândalos. Ninguém mais lembra da Gautama. É um grande alívio para eles. As coisas precisam depender um pouco menos da mídia. As instituições do país são movidas a imprensa. Tão logo ela sai de cena, as instituições afrouxam".

E o que o nobre colunista pensa do jornalismo produzido pela TV pública? "Jornalismo público? Eu não sei o que quer dizer isso. Não consigo ver o que há de público – ou de diferente – nos noticiários que a Cultura faz. O canal é bom e simpático. Mas o noticiário da TV Cultura não é bom, não vai ser bom".

ANTES SUJAS, BARULHENTAS E CHEIAS DE PAPEL. HOJE AS REDAÇÕES PARECEM NAVE ESPACIAL EM UMA IMENSIDÃO SILENCIOSA.

96 O resgate de um jornal pioneiro

Os 200 anos da chegada da família imperial ao Brasil estão sendo comemorados com lançamentos de vários livros que levam a pensar neste assunto de grande importância. O primeiro periódico impresso por aqui no Brasil, a Gazeta do Rio de Janeiro, mereceu atenção da professora Maria Beatriz Nizza da Silva, que estudou o jornal em sua existência e resultou no livro "A Gazeta do Rio (1808-1822) – Cultura e Sociedade", editora Universidade Estadual do Rio de Janeiro. Interessante é lembrar que o jornal foi desconsiderado por importantes historiadores como Nelson Werneck Sodré em seu clássico "História da Imprensa no Brasil", de 1966, que viu no jornal apenas a reprodução dos "papéis" do governo.

A Gazeta do Rio foi criado por decreto por D. João e começou a circular em setembro de 1808, para divulgar informações oficiais, tinha quatro páginas e era bissemanal. A aclamação de D. João VI, em 6 de fevereiro de 1818 foi assim descrito: "Lá pelas quatro da tarde, D. João chega todo recamado de ouro, e mal chegava à varanda, tangeram os ministreis, charamelas, trombetas e atabales. Foram três dias de festejos e a cidade se transfigurou. Só no Largo do Paço (atual Praça XV), ergueram-se um arco do triunfo, um obelisco e um templo de Minerva".

Folheando o jornal com a atenção e objetividade de uma historiadora, Maria Beatriz viu riqueza da época. Outra pesquisadora, Juliana Gesuelli Meirelles, que recentemente defendeu tese na Unicamp, viu no jornal sua importância nas relações exteriores do Brasil, porque algumas vezes era reproduzido tanto em Portugal como na Inglaterra. O jornal A Gazeta do Rio era uma espécie de diálogo do rei com os súditos do outro lado do Atlântico. Um poderoso instrumento político do rei. Da mesma forma que era reproduzida no exterior, o jornal circulava com mão dupla, pois também reproduzia publicações estrangeiras.

Foi um dos poucos jornais existentes no Rio até o período da Independência em 1822, ano em que deixou de circular. Era dividido em duas partes, a seção noticiosa e a de "avisos". Ali eram estampadas informações marítimas, saídas de correios, venda de livros e periódicos, mapas, escravos, leilões e imóveis. Tudo publicado gratuitamente, evidentemente após triagem de um redator, uma vez que nunca existiu almoço grátis. Desnecessário lembrar que o jornal passava por uma censura régia.

Só para se ter uma ideia de como era a época, eis uma nota sobre os fujões: "Quem souber de um preto de nome Domingos, de nação Manjolo, com cara retalhada de sinais, vestido de calças de ganga, veste branca, procure a casa do conselheiro José Joaquim Carneiro de Campos, rua atrás do Hospício, número 133, que terá suas alvíssaras" (1821).

Foi no ano de 1821 que a censura foi suspensa no Brasil imperial. Surgiram então vários periódicos. A Gazeta adotou uma posição liberal, a favor de D. Pedro e da Independência. Mas aí durou somente mais um ano. Morreu para entrar na História.

97 Plantar, esperar e colher

Numa tentativa de jogar luzes sobre a pergunta sempre feita e pouco respondida – por que as empresas têm tanta dificuldade em se comunicar? – ele optou pelo setor em que está trabalhando, o de papel e celulose, com todos os desafios e impasses. Os ciclos envolvidos no negócio são de longo prazo. Uma das matérias-primas mais utilizadas pela indústria, o eucalipto, leva, nos climas quentes, em torno de sete anos para atingir a idade de corte. Ao lidar com uma matéria-prima que vem da natureza, faz-se necessário respeitar seus "ciclos" e "tempos".

Para construir uma fábrica de celulose é preciso começar a plantar sete anos antes as árvores que serão usadas no processo industrial. Os clientes dessas empresas são grandes fabricantes, distribuidores de papel, de atuação global, para poder competir com concorrentes também cada vez maiores e mais ferozes. Os desafios de comunicação de um segmento como esse são, obviamente, muito diferentes dos de uma empresa de produtos de consumo ou de serviços ao consumidor.

Quem explica como se dá o ciclo de relacionamento –e, por conseguinte, de comunicação – de indústrias baseadas em recursos naturais é o gerente de comunicação corporativa da Aracruz Celulose, o jornalista e tradutor Luiz Fernando de Araújo Brandão, um dos autores do livro "A comunicação empresarial e a inteligência de gestão – volume 2" da Aberje, organizada por Paulo Nassar e editada por Luiz Márcio Ribeiro Caldas Junior.

A indústria de papel e celulose demanda grandes investimentos de capital com retorno em longo prazo e comercializa sua produção por meio de contratos feitos também a um longo prazo. Seus clientes, fabricantes ou distribuidores de diversos tipos de papel que diariamente utilizamos, precisam ter assegurado o fornecimento de matéria-prima (a celulose) ou produto (papel) de alta qualidade, estável do ponto de vista de suas propriedades, nos volumes necessários e nos prazos requeridos.

A preocupação com esses aspectos da produção e da logística, que são vitais para a competitividade das empresas, acabou por deixar em segundo plano a comunicação com outros públicos que não os clientes diretos. A tarefa de orientar, esclarecer e responder às preocupações socioambientais dos consumidores quanto à origem dos produtos ficava na "ponta da gôndola", ou seja, era responsabilidade exclusiva dos fabricantes, dos produtos finais. Assim, as indústrias de commodities em geral adotaram uma postura low profile, quando não no profile.

Os últimos anos trouxeram um saudável processo de expansão da consciência socioambiental que estimulou empresas de todos os setores e de todos os lugares a se preocupar e investir nestes aspectos. As empresas do setor têm investido ao longo dos anos milhões de dólares em aprimoramento no manejo florestal, e são responsáveis, no Brasil, pela preservação de 1,6 milhão de hectares de floresta nativa, apenas da Mata Atlântica. Hoje sabemos que as empresas mais ágeis saem na frente e se beneficiam mais, agregando valor às suas marcas e trazendo benefícios também para a sociedade.

98 Vida real e imaginária

Tudo começou com o folhetim em capítulos, entregue de porta em porta ou encartado nos jornais. Depois veio a radionovela e como toda ação gera reação, passou para a TV, que dá audiência certa porque atinge todas as camadas sociais. Em assessorias de comunicação calcula-se de 9 entre 10 profissionais os mais assíduos espectadores que não perdem um capítulo chova ou faça sol. Alberto Dines levou o tema para seu programa na TV perguntando se o conteúdo das telenovelas não ajudaria a sociedade a desenvolver-se culturalmente, se os enredos não poderiam ser mais educativos e se elas não ajudariam assim a compreender melhor o mundo, contribuindo para a melhoria da humanidade?

São exibidos na TV brasileira 14 folhetins eletrônicos que equivalem a 10 horas de programação diária, de segunda a sábado. A telenovela brasileira começou na década de 1950, ainda dentro do êxito que desfrutava o rádio. De "O Direito de Nascer" para cá foram produzidos algo em torno de 600 trabalhos.

Durante os anos 1970 e 1980 muitas telenovelas eram baseadas em romances da nossa literatura como "A escrava Isaura" de Bernardo Guimarães, vendido para mais de 100 países e atualmente em nova versão exibida pela TV Record. Os últimos capítulos das novelas de Janete Clair praticamente paravam o país.

Para conseguir mais audiência, algumas novelas têm apelado para cenas de violência e de sexo, além dos limites do razoável. Pregam traição, vingança, cobiça, passar o outro para trás a qualquer custo – tudo de forma didática, pedagógica, como se estivesse em uma sala de aula. E como se come nessas novelas. Danuza Leão conta em seu livro de quase memórias que não pensem que são iguarias, que ali tudo é frio, o visual é o que importa.

Marcílio Moraes, presidente da associação brasileira de roteiristas profissionais, observa que a novela é o produto mais bem acabado que a TV faz: "Não se deve olhar com preconceito, pois novela é entretenimento e não deve ser mais do que isso".

Mauro Alencar, pesquisador da USP e consultor da Rede Globo, lembrou que uma das novelas, "Mulheres apaixonadas", inseriu o tema estatuto dos idosos fazendo com que o assunto ultrapassasse a cerca do Legislativo e ganhasse as ruas.

A formação de um grupo de estudos da Escola de Comunicação e Artes da USP voltado especialmente para a catalogação de informações sobre a telenovela fez com que uma senhora, bastante idosa, falecida recentemente, havia deixado em testamento seus bens para este grupo. A referida senhora tinha sido empregada doméstica a vida inteira e o legado era composto de revistas e mais revistas sobre as novelas.

Cada capítulo de uma novela custa algo em torno de 150 mil reais. Um comercial de 30 segundos no intervalo veiculado uma só vez custa o dobro. Como se vê, business is business, ou negócios são negócios.

EM ASSESSORIAS DE COMUNICAÇÃO, 9 ENTRE 10 PROFISSIONAIS SÃO ASSÍDUOS TELESPECTADORES, ASSIM COMO A MAIORIA DAS FAMÍLIAS BRASILEIRAS

99 Bondes

No trilho centenário estão correndo de um lado a Associação de Moradores de Santa Teresa; do outro, a Secretaria Estadual de Transportes do Rio de Janeiro. Moradores dizem que há um projeto de privatização dos velhos bondinhos que cruzam as apertadas vias do bairro há muitas décadas. O governo nega a intenção, mas reconhece que é hora de modernizar o sistema de transportes criado no ano de 1877.

O repórter Marcelo Migliaccio do Jornal do Brasil ouviu o vice-presidente da associação, Sérgio Amaral: "A forma atual atende os moradores do bairro. Querem aumentar o preço da passagem de R$ 0,60 para R$ 2,10, fazer aqui um turismo de exclusão e transformar o bairro num shopping a céu aberto".

O protótipo do novo bondinho já roda pelas vielas para os primeiros ajustes. Foram mantidas as características anatômicas – o bonde, afinal, é tombado pelo Instituto Estadual do Patrimônio Cultural. Mas o novo modelo é visto como um "intruso".

O diretor da central logística do governo, engenheiro Fábio Tepedino, conta que o bonde que circula no morro é um dos últimos bondes do Brasil e, por isso, enfrenta vários problemas, como reposição das peças: "Não se fabrica mais os trilhos, só há uma empresa de rodas ferroviárias no país que não prioriza os bondes. Temos de modernizar, adequando tecnicamente o conforto às características de Santa Teresa". Segundo ele, o novo bonde consome 50% menos energia e hoje, com a crise energética, isso é relevante. Ele está de olho nos 2 mil turistas que circulam no bairro somente aos sábados: "Temos que agregar valor cultural e turístico".

Em Santos (SP) já se agregou valor cultural ao turístico, e hoje um bonde circula pelas ruas centrais da cidade, coisa de apenas 1 quilômetro, mas o suficiente para que os passageiros possam sentir o gostinho de fazer uma bela, ainda que curta viagem na área do cais. Estudantes de turismo explicam um pouco a história desses bondes que deixaram de circular nos anos 1970, mas voltam agora para a alegria de quem percorre o curto trajeto ao preço simbólico de R$ 1,00. Há planos para que o veículo percorra um trecho maior da cidade e desfile pelas ruas, parte dela principalmente na região central entregue às baratas, e chegue à orla da praia.

O velho e o novo. Parece paradoxal que um veículo antigo fabricado com ferro e madeira ainda seduza as gerações de hoje que fazem viagens interplanetárias nas telas dos games instalados em bares de qualquer esquina de nossas cidades.

100 Antiguidades

Questão de imagem. Lei de direito autoral que estabelece imposto para quem reproduzir peças de museus ou monumentos históricos está sendo cogitado no parlamento egípcio. A ideia é restringir o uso comercial de seus símbolos culturais que datam de 3 mil a.C. A lei já foi aprovada por um comitê ministerial e vai a plenário do congresso. Isso possibilitará a aplicação da lei no mundo inteiro, conforme o Conselho Supremo de Antiguidade.

O dinheiro arrecadado será investido na manutenção dos lugares históricos. O chefe do conselho supremo da antiguidade do Egito Zahi Hawass diz que ao usar símbolos daquele país, mesmo que seja para uso privado, será preciso pedir permissão ao governo egípcio. A lei não impede artistas de reproduzir os monumentos ou locais históricos, desde que sejam cópias exatas.

Cópias das antiguidades egípcia de modo geral são ruins, esteticamente incorretas e fora de contexto, denunciam egiptólogos da Universidade do Cairo. Eles argumentam que uma arte religiosa não cabe em um cassino, como o de Las Vegas.

A cidade americana de Las Vegas, que um dia foi um imenso deserto, recebe hoje cerca de 35 milhões de visitantes por ano, quase 10 vezes mais o número de turistas que vão à cidade de Luxor, no Egito, palco de um dos maiores sítios arqueológicos do país.

Com 107 metros de altura e 4.400 quartos, o hotel-cassino em forma de pirâmide tem cinema, restaurante e shopping. O hotel Luxor ostenta seu próprio museu de Tutancâmon, que garante incluir "réplicas autênticas da maior descoberta arqueológica da História". Além do sarcófago de Tutancâmon, lá estão estátuas, vasos, camas, cestos e peças de cerâmica da tumba descoberta em 1922.

Os egípcios são orgulhosos de sua História e querem protegê-la de alguma forma. Eles têm consciência de que a herança arqueológica egípcia é uma das mais atrativas do mundo e merece respeito – e é isso que o governo quer dizer.

No ano de 2003 o chefe do conselho Zahi Hawass recuperou a Pedra Roseta do Museu Britânico. Ano passado promoveu um tour de artefatos de Tutancâmon pelos Estados Unidos e Inglaterra, arrecadando 280 milhões de reais para trabalhos de conservação.

Kate Brodock da Tufts University diz que o país se movimenta na direção correta e que a lei vai frear a falsificação em massa de suas relíquias: "As grandes instituições terão de agir de acordo com a nova lei ou enfrentarão um processo do Egito, mas não se pode lidar da mesma forma com artistas independentes. Além disso, a falta de uma lei internacional de direito autoral abre espaço de manobra para outros países que não cumprirem a lei".

Nunca nenhum país impôs direito autoral de suas peças históricas, mas os egípcios entendem que é preciso que alguém comece.

Leis de modo geral são locais, não servem para o mundo inteiro, a não ser que haja tratado internacional a esse respeito. Os egípcios, no entanto, sabem que é preciso agir com cuidado, afinal arqueólogos do mundo inteiro têm negócios com eles com quem pretendem manter uma boa relação diplomática por anos que, certamente, se perderão nas areias do tempo.

01 Bisbilhotice corporativa

Empresas estão entrando na vida de seus funcionários, querem saber se eles usam drogas. Para isso, as corporações – e não são em pequeno número – recorrem aos seus departamentos médicos. Querem saber dos doutores se eles estão lendo atentamente os exames a que são submetidos os funcionários que eles insistem em chamar de "colaboradores". O uso de bebida alcoólica é considerado droga, revelou o colega Ricardo Boechat na BandNews. Os executivos recorreram aos seus advogados, que veem nessa atitude uma intromissão indevida no quadro funcional. Alegam que o que interessa às empresas é o desempenho dos funcionários, o que eles fazem fora do horário de trabalho é problema que diz respeito unicamente a cada um.

Entrar nos e-mails de funcionários não é uma prática incomum hoje no mundo corporativo. Há empresas que bloqueiam a entrada em determinados sites, por parte de seus funcionários. Sites de relacionamentos, de sexo e de outros assuntos que nada dizem respeito ao trabalho são vetados. Agora, chamar os responsáveis pelos departamentos médicos para ver se o funcionário é dependente ou não de droga dá a ideia de que a bisbilhotice corporativa não tem limites.

Há que se condenar atitudes sorrateiras a que as empresas recorrem. Não dá, por outro lado, defender o drogado. Melhor seria se as empresas tivessem uma política específica para solucionar a grave questão. No caso de se deparar com um funcionário dependente da droga, melhor seria se a empresa encaminhasse esse doente para tratamento médico em clínica especializada. Mandá-lo embora pura e simplesmente não resolve a questão. Ao contrário, amplia o problema, uma vez que a droga é uma realidade hoje, já que o jogo da oferta e procura é visível em qualquer esquina de nossas cidades. Houve restrição à publicidade do cigarro e o que se viu foi uma notória diminuição do seu uso. Mas com relação à bebida, não se toma providência alguma nesse sentido. Ao contrário, aumentam a publicidade e o consumo.

Melhor do que bisbilhotar a vida de quem é muito caro, parceiro, só teria sentido se isso fosse feito às claras. Abram o jogo, digam que a empresa está tomando esta atitude pensando nela e no seu – aí sim – colaborador. E hoje já há também o entendimento de que pouco vale para a empresa se o funcionário for excelente, que ele traga resultados surpreendentes em termos de cifras porque se ele for um carrasco, se não souber se relacionar bem com seus subordinados, se suas qualidades demonstradas não forem sinceras, então tudo poderá virar pó em poucos instantes. Tudo tem seu preço.

02 Jornais de semáforo

A Lei Municipal 14.517 proíbe a distribuição de panfletos nas ruas de São Paulo. Permite apenas a entrega de jornais que se enquadram na lei federal. Foi esta "Lei Cidade Limpa" que retirou os panfletos de anúncios e estimula agora o crescimento de jornais gratuitos. Voltados quase que exclusivamente para o mercado imobiliário têm distribuição garantida pela Lei de Imprensa Federal, que obriga a exibição do nome do diretor ou redator-chefe, a gráfica onde foi impresso, endereço da sede da empresa e data de impressão.

Reportagem de Vitor Sorano do Jornal da Tarde ouviu a Prefeitura que disse não ter feito levantamento do número do número de publicações desse tipo. Uma das empresas, o 100% Bairro, informa que roda 15 milhões de exemplares. Trabalha com 20 edições diferentes por semana. O mercado imobiliário, uma montadora de veículos e uma agência de exposição de shopping center são os clientes do que se chama de mídia customizada.

Outra empresa, o The News, se volta para o mercado imobiliário e trabalha a distribuição aos sábados. São 450 mil exemplares semanais, em sete edições diferentes, por bairro. Antes de trabalhar com jornais, os responsáveis lidavam com outdoors e painéis. As matérias dão dicas para casa, obras de infraestrutura e como economizar água e energia.

Há planos para lançar o Resumo, voltado para anunciantes fora do mercado imobiliário.

O Living Post, criado em 2003, tem tiragem de 800 mil a 2 milhões de exemplares. O responsável pela publicação conta que está sendo procurado por outros setores, como uma rede de fast-food e uma loja de sapatos para fazer o mesmo tipo de produto.

A professora de mídia da Escola Superior de Propaganda e Marketing, Ana Lúcia Fugulin, acredita que o número de publicações desse tipo tende a aumentar.

Por enquanto, esses jornais de semáforo trabalham com matérias frias, pouco interessantes, geralmente de arquivos. Nada impede que, com o tempo, jornais distribuídos gratuitamente invistam também na qualidade de suas reportagens, apresentando material melhor para seus caros (em todos os sentidos) leitores que, certamente, não jogarão nas ruas como material descartável, mas levarão para ler mais tarde em casa. E quem sabe, ao folhear o jornal, se interessem também pelas ofertas inseridas em suas páginas?

PANFLETOS FORAM RETIRADOS DAS RUAS E, EM SEU LUGAR, VIERAM MATÉRIAS DISFARÇADAS EM JORNAL QUE SOMENTE VENDEM PRODUTOS.

03 Liberdade no cinema

Na infância ele pegava folhas de papel em branco e desenhava muitas coisas, inclusive metralhadoras. Até que descobriu que o pai de um amigo, pintor, não era um mero pintor de parede, mas um artista: "Eu pensava que desenhar era coisa de criança". A partir deste momento, ele decidiu que queria uma vida que lhe desse liberdade para criar. E a pintura em movimento virou a sua arte.

O cineasta David Lynch, que fez filmes como Veludo Azul (1986), A Estrada Perdida (1997), Cidade dos Sonhos (2001), Império dos Sonhos (2006) e a série Twin Peeks (1990) que influenciou boa parte da narrativa das séries norte-americanas, veio lançar por aqui seu livro "Em águas profundas – criatividade e mediação" e esteve na Fundação Armando Álvares Penteado (FAAP) em São Paulo, onde falou para um auditório lotado de estudantes de comunicação.

Alvos constantes não só do pessoal da área do cinema como da psicologia, os personagens de Lynch estão envoltos em mistério e delírio. O autor diz: "Não é um jogo, mas uma tradução de ideias. No começo não sei o que elas significam, quanto mais abstrato mais amplo. Todas as interpretações são válidas". O importante para ele é ser fiel às ideias para que elas virem um significado: "Você entra num mundo e vive os personagens que nunca existiram".

Para selar o pacto de entrega ao sensorial, Lynch observa que é preciso casar o som e a imagem para que a soma seja muito melhor que as partes: "Eu às vezes não entendo a ideia no começo, mas sinto e vejo. Esse casamento se dá na pós-produção".

O cineasta contou que no set de filmagem os atores passam por diversos ensaios até o momento em que se entregam aos personagens e ali se estabelece uma sintonia, de olho no olho. Chega uma hora em que eles se apropriam daquilo.

Estudantes não costumam perdoar nada, e questionaram o grande cineasta do por que ele faz comerciais para a televisão. Lynch respondeu que gosta muito da propaganda, principalmente porque elas lhe dão dinheiro. Mas, em tom mais sutil, deu verdadeira aula aos futuros colegas e garantiu que também aprende com os comerciais o uso de novas tecnologias. Concluiu afirmando que "é um absurdo pensar que não há liberdade no cinema". Seus filmes confirmam isso.

104 Lições dos sobreviventes

Três veteranos da I Guerra (1914-1918) desfilaram recentemente na festa de comemoração de 90 anos do fim de um dos conflitos mais documentados da História. Com idades de 108, 110 e 112 anos, eles passam seus dias em cadeiras de rodas. Um deles disse que o mundo tem memória curta para o sofrimento trazido pelas guerras. Já o historiador Bob Bushaway do Centro de Estudos da Primeira Guerra da Universidade de Birmingham, na Inglaterra, observa que o conflito ainda hoje assombra a Humanidade, mas que é importante pelas lições para compreender as guerras e as crises internacionais deste século XXI.

A I Guerra não é, como muitos acreditam, apenas um prelúdio da II Grande Guerra (1939-1945). A numeração das roupas, ou seja, a padronização da modelagem vem do exército alemão daquela época. A I Guerra foi o primeiro conflito verdadeiramente global e envolveu as maiores potências da época. Ela matou 9 milhões de pessoas e deixou outras 15 milhões feridas. Um número até hoje desconhecido de pessoas sofreu em silêncio com o trauma desta guerra que marcou o início de uma escalada de brutalidade, então sem precedentes.

No Reino Unido o número de mortos – um milhão – foi três vezes superior ao da II Guerra. Uma em cada três famílias do primeiro quartel do século XX teve alguém ferido, morto ou aprisionado nas batalhas, marcadas pela carnificina nas trincheiras e nas chamadas terras de ninguém.

Charles Harvey, diretor do escritório londrino da Western Front Association, disse que nos dois primeiros anos da guerra, os britânicos contaram com voluntários inexperientes que enfrentaram um exército alemão profissional. Foi uma carnificina até que se conseguisse montar uma força capaz de lutar com condições de igualdade. Por isso, ele acha importante olhar para esse capítulo da História, que ainda tem lições a dar sobre planejamento e estratégia.

Costuma-se construir e inaugurar monumentos, mas Bushaway nota que seria melhor refletir sobre os desdobramentos da I Guerra. O repórter Fernando Duarte, correspondente de O Globo ouviu dele: "Governos passaram anos construindo necrópoles com o discurso de que as atrocidades da I Guerra por si só fariam dela uma espécie de guerra para pôr fim a todas as outras. Porém, a prioridade deveria ter sido evitar novas terras, ter um plano para o pós-guerra. E hoje o erro se repete. Quando olho para a invasão do Iraque pelos Estados Unidos e o Reino Unido, encontro a mesma falta de visão".

Agora mesmo houve um atentado a um hotel 5 estrelas em Bombaim, na Índia, e o especialista em história militar da Universidade de Glasgow, Simon Ball, faz um paralelo com o assassinato do arquiduque austro-húngaro Francisco Ferdinando o estopim da I Guerra: "A insatisfação com a ordem mundial leva às guerras. Os terroristas que atacaram a Índia são os sérvios do século XXI. Não especificamente por nacionalismo, mas pelo potencial destrutivo, por desejar estimular a rivalidade entre potências nucleares".

A História, como se vê, continua a nos dar lições de vida.

105 Mídia e mensagem

Especialista em "midialogia", disciplina que estuda a transmissão de mensagens, o intelectual francês Régis Debray, que se celebrizou como teórico da guerrilha de Che Guevara e ficou preso três anos na Bolívia nos anos 60 do século passado, hoje se dedica a estudar a linguagem e as religiões. Declara-se mais distante da América Latina do que do Oriente, que é seu campo de estudo preferencial. O colunista Merval Pereira de O Globo esteve em Rabat, no Marrocos e, como um bom repórter, ele ouviu, anotou e digitou a entrevista. E escreveu ter ouvido do intelectual que, de maneira geral, as ideias dominantes continuam sendo as ideias das mesmas classes dominantes. Mas o conferencista vê uma novidade que considera positiva: o reencontro da civilização com o pluralismo dentro dos próprios meios de comunicação.

Régis Debray adverte que é preciso não transformar as mídias de massa em um diabo, um monstro, dominado pelo grande capital, para intoxicar as massas. "É mais complicado que isso", comentou, explicando que "um jornal assim como uma televisão são manipuladores exteriores, eles refletem os que os escutam, os que os leem".

Os meios de comunicação a pretexto de "entender" a posição das empresas definem que um órgão de informação faz mais a comunicação do que a informação: "A comunicação precisa seduzir seu leitor, seu ouvinte, e para isso é preciso pensar como ele ou falar como ele, uma espécie de mimetismo". Isso é muito importante para nós, que lidamos com a comunicação.

Informar alguém, observou ainda o palestrante, é sempre desestabilizá-lo, deixá-lo desconfortável, mexer com suas ideias já fixadas. É por isso que a informação é sempre difícil. É mais fácil falar dos shows, do político local, do filme de grande público do que falar sobre um filme de outra língua, ou um fenômeno econômico mais complicado.

O intelectual francês chamou a atenção para o papel da internet que "quebrou a verticalidade, produziu a horizontalidade da informação". Essa horizontalização, no entanto, pode também compreender o pior do mundo da informação, adverte: "Pela internet é possível transmitir todos os rumores, os boatos e as calúnias". Ele defende que é preciso que a internet tenha um "critério de validação" que hoje vem da edição, da autenticação das fontes de informação, da garantia de qualidade dessas fontes".

Para Debray, a televisão favorece a grande personalidade sobre o debate público e faz desaparecer o debate das ideias e a questão dos programas, de visão do mundo. E esses conceitos políticos, que se exprimem pelo discurso, pelo texto impresso, foram superados pela imagem.

Sinal dos tempos.

06 Miss primavera ou Miss prisioneira

Pelo quinto ano consecutivo foi realizado o concurso Miss Primavera no estabelecimento penal feminino Irmã Zorzi, em Campo Grande (MT). O evento foi realizado na quadra de esportes da unidade prisional e como é óbvio nesses casos, a mídia compareceu para registrar e deixar documentado para a posteridade.

A vencedora foi uma menina de 19 anos, Daiane Soares da Mota, que, a exemplo de outras concorrentes, desfilou com roupa social, maiô e traje de festas.

De acordo com os colegas que lá estiveram, durante os intervalos para animar ainda mais a festa, houve apresentações culturais como dança do ventre e dança da fita.

É curioso notar que as três primeiras colocadas ganharam roupas, sapatos e kit maquiagem. Também foi premiada a melhor torcida, de presas evidentemente, que recebeu um kit higiene como prêmio. Por que associar preso a limpeza, ou a falta de, ninguém sabe explicar.

Mas o concurso em si já é uma aberração, uma vez que as autoridades costumam ter resistência a ideia desse tipo. Afinal, a agência estadual de administração do sistema penitenciário do Mato Grosso tem sob sua responsabilidade presos que têm a Justiça como guardiões, ou seja, eles apenas abrigam essa população. Uma autoridade sensata jamais deixaria em exposição um tipo de pessoa que está destituída de seus direitos.

A vencedora do concurso Miss Primavera, que deveria se chamar Miss Prisioneira abriu um largo sorriso para os flashes disparados à exaustão. Com a faixa no peito, um turbantezinho branco e flores nos braços, ela vivia seus dias de glória.

Como a maioria dos presos, a vencedora mal ultrapassou a adolescência para transgredir a lei, e paga um preço alto por isso.

Em São Paulo os presídios são alimentados diariamente com uma leva de jovens que chegam nos caminhões fechados chamados de "bondes". Uma vez diante desta movimentação grande de presos comentei com o colega César Tralli da TV Globo que as pessoas com mais idade de modo geral não transgridem a lei, só o fazem quando jovens. Antes de dar um chute forte e preciso numa bola em partida de futebol a pedido de detentos, Tralli disse estar impressionado com o número de jovens que ali estavam, segundo ele "um horror".

Pessoas como a Miss Primavera viveram seus 15 minutos de fama e, em seguida, voltaram para suas celas onde arrastarão seus dias longe dos holofotes e de seus sonhos de um dia atingir o estrelato e virar notícia.

07 O fim dos jornais impressos

Nos últimos anos a circulação dos jornais brasileiros cresceu, na contramão do que acontece em vários países. Esse aumento da receita publicitária dos jornais é coerente com o crescimento da economia. Quando a economia cresce, aumentam o consumo de informação (como de outros produtos e serviços) e o investimento publicitário. Na primeira metade da década ocorreu um descolamento entre circulação e crescimento econômico no Brasil. Foi assim entre 2001 e 2003, quando a economia cresceu mais que nos anos anteriores e a circulação diminuiu. Em 2004, a economia cresceu mais que nos anos anteriores e a circulação aumentou, porém menos do que a economia. A partir de 2005 a tendência se inverteu, a circulação está crescendo mais que a economia. Houve um refluxo depois da bolha de circulação dos anos 90, impulsionada pelos anabolizantes (os brindes que acompanhavam os jornais).

Lourival Sant'Anna, autor do livro "O destino do jornal", editora Record, conversou com o colega Miguel Conde de O Globo. Passou pelo jornalismo na internet: "Parte das deficiências do jornalismo na internet está relacionada com o fato de que as empresas ainda estão aprendendo a ganhar dinheiro com esse negócio. Por isso, o investimento nas redações – jornalistas, custos de reportagem, viagens, cobertura de fôlego etc. – ainda é muito baixo. Os meios on-line se valem muito da cobertura feita por meios tradicionais. Outra parte das deficiências pode ser estrutural, pode estar relacionada ao próprio meio internet, que abre novas possibilidades de interação da audiência com o meio de comunicação. Ela tende a eliminar a dicotomia emissor-receptor, tornando seus usuários ao mesmo tempo consumidores e produtores de informação".

O livro aponta para as dificuldades dos jornais em atrair jovens leitores. Seu autor explica que com a transição geracional, uma fatia cada vez maior do nosso público-alvo cresceu diante do videogame e do computador. O jornal pode parecer opaco, lento e tedioso. Ele acha um engano, em resposta a isso, tentar mimetizar os meios eletrônicos, transfigurar o jornal em algo que ele não pode ser. Ele perderia o que tem e não ganharia o que supostamente lhe faz falta. Jornal é para quem quer ler. Isso não quer dizer que ele tenha que ser sisudo e chato. Pelo contrário: a experiência da leitura pode ser extremamente prazerosa. É nisso que o jornal tem de se transformar.

A reportagem que busca a isenção é também um produto da rentabilidade dos jornais, ensina este repórter especial de O Estado de S. Paulo. Custa dinheiro apurar informação de forma profissional. É bem mais cômodo e barato sentar-se numa cadeira e discorrer acerca do mundo.

O VELHO E BOM JORNAL DE PAPEL TORNOU-SE OPACO, LENTO E TEDIOSO, POR ISSO HÁ UM DESAFIO PARA ALGO NOVO E FASCINANTE.

08 Os 9 itens da felicidade

A primeira vez que ouvi falar de Butão foi pelo colega Nilton Pavin, que por lá esteve como um businessman, homem de negócios, não jornalista, e registrou cenas através de máquina fotográfica que levou escondida e que resultou em álbum e exposição. Butão é um país encravado na Ásia aos pés da Cordilheira do Himalaia. Recentemente foi realizado em São Paulo uma conferência nacional sobre um assunto que vem de lá, 73 variáveis sintetizadas em 9 itens que mais contribuem para a meta de atingir o bem-estar e a satisfação com a vida.

Há várias tentativas em todo o mundo de criar índices que possam medir o quanto a sociedade está evoluindo, de maneira sustentável, na direção de proporcionar uma vida digna e confortável para seus integrantes.

Susan Andrews, norte-americana, deu exemplos de como a busca pelo crescimento puro e simples pode ser uma boa escolha para os números da economia, mas um péssimo caminho na vida dos cidadãos: "Nos Estados Unidos, desde 1950, o PIB aumentou três vezes. Nesse período, o índice de crimes violentos quadruplicou e aumentou o número de pessoas deprimidas e o suicídio entre adolescentes. Várias pesquisas mostram que o ápice da felicidade foi durante a década de 1950. De lá para cá houve degradação não no plano material, mas no imaterial".

Michael Pennock, do Observatório para Saúde Pública em Vancouver, no Canadá: "Estamos ficando mais prósperos, mas perdendo a sensação de vida na comunidade. Não somos mais felizes e estamos destruindo o planeta".

Um dos dados novos é o Índice de Desenvolvimento Humano (IDH) usado pela Organização das Nações Unidas (ONU) que leva em conta o PIB per capita, a longevidade das pessoas e sua educação (avaliada pelo índice de analfabetismo e pelas taxas de matrícula em vários níveis de ensino).

O IDH foi criado pelo economista paquistanês Mahbub ul Haq quando diretor de planejamento de políticas do Banco Mundial e organizador do primeiro relatório de desenvolvimento humano da ONU, e pelo indiano Amartya Sem, que recebeu o Prêmio Nobel de Economia em 1998.

O conceito de felicidade interna bruta tem pelo menos 30 anos, e engloba não só o crescimento econômico, mas também as dimensões sociais, ambientais, espirituais e culturais do desenvolvimento. Essas variáveis foram estampadas no site Gestão Sindical de Oswaldo Braglia, a partir do Instituto Ethos, e estão abrigadas em nove itens gerais, uma espécie de os 9 itens da felicidade.

São elas: l. Bom padrão de vida econômico; 2. Gestão equilibrada do tempo; 3. Bons critérios de governança; 4. Educação de qualidade; 5. Boa saúde; 6. Vitalidade comunitária; 7. Proteção ambiental; 8. Acesso à cultura; 9. Bem-estar psicológico.

Precisa mais do que isso?

109 O último polemista

Cuidado com as imitações porque Paulo Francis só existiu um na imprensa brasileira. Era um mito com seu texto enxuto, humor, uma farra politicamente incorreta, para o bem ou para o mal. Nós, formados em comunicação na época da ditadura militar, leitores de O Pasquim, de repente nos víamos diante de alguém que comentava filmes que jamais veríamos, livros a nós vedados, comentários secos e personalíssimos, escritos em jorro, sem revisão – uma espécie de pioneiro dos blogueiros e da globalização das informações num país provinciano. O mito é traçado pelo preciso Paulo Eduardo Nogueira em "Paulo Francis – polemista profissional" da Imprensa Oficial do Estado (Imesp).

Francis foi um excelente editor de revistas, à frente na antiga Senhor, que definiu como uma revista de cultura viva, de contracultura, contra a cultura oficial, acadêmica, autocongratulatória. Publicou ficção moderna, artigos sobre serviços que não fossem meros press releases e causou polêmicas sobre os mais variados assuntos. Forjou um paradigma no mercado editorial, poucas vezes superado nos 50 anos seguintes. Fez também a primeira revista customizada no Brasil, a Diner's, que é um primor que durou pouco mais de um ano.

A experiência no Correio da Manhã como instigante provocador de assuntos políticos foi retratado na novela "Senhora do Destino" por Aguinaldo Silva na TV Globo, onde Francis ficou mais conhecido do grande público por sua fala arrastada, fazia de sua deficiência um êxito diante das câmeras. Até hoje os erros cometidos e os pedidos de corte, os palavrões ainda circulam pela internet, viraram cult.

Com a ajuda de um amigo de Francis, Sérgio Augusto, o autor pergunta como reagiria o biografado se vivesse no século XXI diante do culto à celebridade, o lixo vigente nas listas dos best sellers, o fenômeno Big Brother, pergunta se ele seria derrotado pela mediocridade generalizada? Uma coisa é certa, ele imprimiu seu toque pessoal em tudo o que fez e seus seguidores e imitadores, os polemistas baratos da imprensa de hoje, mostram a distância abissal que o separa disso tudo.

110 A hora de João

Estagiário em assessoria governamental, João não era exatamente um exemplo de aluno aplicado, o melhor da classe. Mas tinha muita pressa. Queria sair daquele departamento, havia procurado redação de TV, de rádio e os portais, e tinham lhe prometido uma vaga, mas nada de surgir a nova oportunidade.

"Nossa hora vai chegar" – dizia ao João que completava: "Mas, quando?". Tudo tem a hora certa, respondia para o inquieto estagiário. Os demais colegas dele, todos estudantes da mesma classe na mesma universidade, também se mostravam inquietos. Mas ele era o mais ansioso por novos ares. Dizia que as novas mídias o fascinavam.

Redigir um bom currículo, mostrar-se o mais bem preparado, dar a impressão de que era de fato um profissional competente – tudo isso o estagiário fez. Mostrou o que havia rascunhado, achei que havia certos exageros, ele não aceitou todos os palpites, pensou que melhor seria errar por excesso do que por falta de algum requisito.

Em vez de trabalhar, de cumprir bem seu papel naquela assessoria, o estagiário preferia fazer os contatos sempre objetivando a mudança de emprego. "Nossa hora vai chegar" – dizia para ele, quase como um bordão, e sua resposta era sempre a mesma: "Quando? Não aguento mais a espera".

Mudei de emprego e alguns meses mais tarde eu o vi de longe, na rua, com a chefe da seção. Estavam alegres, pelo menos aparentemente. Pensei que a hora do João não havia chegado ainda, mas também imaginei que os versos do compositor Geraldo Vandré se encaixam como uma luva no exemplo dele: "Quem sabe faz a hora/ não espera acontecer".

11 Os novos desafios do jornalismo

Cada vez mais jornalistas produzem material para a internet e entram na era do jornalismo digital. Assim, se veem diante da necessidade de juntar texto, vídeo e áudio para apresentar a notícia, deixando para trás o tempo em que o repórter saía da redação só com uma caneta e bloco de anotações. As empresas de comunicação começam a promover mudanças para que o profissional trabalhe para várias plataformas convergentes, muitas vezes num mesmo espaço.

Sandra Motta e Evelize Pacheco entraram neste mundo do jornalismo multimídia no jornal Unidade do Sindicato dos Jornalistas Profissionais no Estado de São Paulo. Ouviram a pesquisadora Carla Schwingel que definiu o ciberjornalismo como processo em que a informação digitalizada chega ao receptor pelas chamadas redes telemáticas, em suportes que não são apenas o computador, mas instrumentos variados, como totens, CDRoom, telefones celulares. Nesse caso há a necessidade de se desenvolver uma nova linguagem, e não simplesmente ignorar a das modalidades tradicionais: "Temos uma realidade nova, que exigem linguagem nova e um novo sistema de produção. Não se trata simplesmente de se fazer com que um mesmo profissional tenha domínio de diferentes mídias, o que já vem ocorrendo, mas de se criar equipes que façam isso com qualidade, o que exige planejamento e investimento das empresas".

"Mas o jornalista também terá de buscar uma produção diferenciada – prossegue – e poderá ter por trás dele uma estrutura que irá ou não favorecê-lo neste trabalho. A BBC e o The New York Times, por exemplo, têm excelentes infográficos e animações na web que valorizam o conteúdo. Por trás disso estão profissionais especializados pra produzir esses materiais que trabalham juntos com os designers, redatores, com o gestor de conteúdos. O trabalho de qualidade dependerá da equipe, multidisciplinar, e não do acúmulo de tarefas sobre um único profissional, sendo impensável passar esse tipo de demanda para o guri da arte".

Fabiana Zanni, da editora Abril, disse que já é comum que um repórter de revista leve um gravador digital e, eventualmente, uma câmera digital para apoiar o conteúdo on-line: "Na convergência das mídias, o profissional não necessariamente trabalha mais, mas divide sua atenção, produzindo de acordo com a demanda".

É, estamos vivendo novos tempos.

112 Os segredos de uma boa nota

Ao completar 60 anos de idade, o colunista Ancelmo Góis de O Globo foi entrevistado por Alberto Dines do Observatório da Imprensa em plena Lapa, reduto boêmio do Rio. O chamado colunismo de notas com um estilo "muito brasileiro e carioca" teve início naquela cidade quando ainda era a capital federal.

O homenageado que se viu cercado de tanta gente vinda de todo o país, afirmou não saber o porquê de esse tipo de jornalismo fazer tanto sucesso. Enquanto os grandes jornais do mundo estariam voltados para um "colunismo de ideias", no Brasil as colunas mais lidas são as de notas, a exemplo do "Radar", da Veja, onde ele trabalhou. Disse que frequentemente a notícia mais importante de uma edição de jornal aparece em uma nota de quatro ou cinco linhas, e não estampada na primeira página. As colunas de notas são, afinal, âncoras de leitura em jornais brasileiros.

Trabalhar no espaço disputado a peso de ouro por divulgadores não se resume a frequentar festas do chamado high society, como ocorrida na década de 1950. A imagem de glamour não corresponde à realidade dos que redigem as notas. É preciso a dedicação de um operário. Tem colunista que acabam com "calo na orelha" de tanto que ficam ao telefone.

E agora, atenção colegas de assessorias de comunicação, atentem para o que disse o entrevistado a respeito do que chamou de mil tentativas diárias de divulgação de notícias e eventos. Contou que assessores mais espertos descobriram o macete para conseguir espaço para notas sem grande valor jornalístico: é na base do "me ajuda que eu te ajudo". Como muitos colegas da área, faz permutas para conseguir emplacar boas notas. Cede um pequeno espaço para as notas de divulgação e, em troca, os "parceiros" repassam outras notícias em primeira mão. O truque resolve tudo, garantiu.

Notas em colunas assinadas por Ancelmo são o que ele chama de "um canhão que pode fazer o bem ou o mal". Ele acredita que as colunas mais ajudam do que prejudicam.

Uma vez por semana o colunista costuma ligar para as fontes que classifica como "cinco estrelas", a exemplo da Embratur ao classificar os serviços dos hotéis. Fontes que não são tão quentes ficam em segundo plano e acabam recebendo apenas uma ligação mensal. É a vida.

AS NOTÍCIAS MAIS IMPORTANTES DE UM JORNAL APARECEM EM NOTAS DE 4 OU 5 LINHAS, E NÃO ESTÃO ESTAMPADAS NA PRIMEIRA PÁGINA

113 Pena alternativa

Sempre que um corrupto aparece na mídia a ideia que se associa a ele é a prisão. Lugar de corrupto é na cadeia? Vou nadar contra a maré: acho que não. O maior castigo para o corrupto é tirar o que ele roubou, devolver aos verdadeiros donos tudo aquilo que ele usurpou.

O presidente da fabricante sul-coreana de automóveis Hyundai, Chung Mong-koo, cumpre 300 horas de serviços comunitários em uma creche, após ser condenado por corrupção e fraude. Aos 68 anos, foi ao centro de acolhimento de crianças ao sul de Seul, e começou imediatamente a trabalhar cuidando de menores de 4 anos.

A agência de notícias Yonhap conta que ele vestia um uniforme amarelo com a frase "Os amamos (os bebês)". Limpou partes da creche, deu mamadeira a algumas crianças. Contou que tem netos e que cuidou das crianças da creche como quem cuida dos próprios familiares.

A Justiça condenou o presidente da Hyundai por desviar fundos para subornar funcionários públicos e executar operações ilegais com ações da firma para garantir seu controle da companhia. O tribunal reconheceu as contribuições dele à economia do país, mas afirmou que a criação de fundos ilegais afeta a liberdade e a credibilidade da empresa. Disse mais: que práticas ilegais devem ser combatidas por impedir o desenvolvimento da economia.

Chung foi acusado pela promotoria de utilizar 95 milhões de dólares para criar um fundo ilegal e de causar prejuízos à empresa no valor de 224 milhões de dólares.

Filho do fundador do grupo, certa vez ele disputou com o irmão mais novo o comando do gigantesco complexo automobilístico que patrocina alguns programas por aqui na televisão brasileira no horário nobre mostrando sempre carros luxuosíssimos.

Agora ele foi obrigado a prestar serviços durante três dias da semana. Como se sabe, naquele país não existe descanso nos finais de semana, lá se trabalha de segunda a segunda.

Pessoas como este cidadão não oferecem perigo para a sociedade a ponto de mandá-lo para atrás das grades. Seu maior castigo ainda é fazê-lo pensar no que fez na vida e, para isso, a prática de boas ações se contrapõem ao que um dia ele fez de errado e se desviou da linha. Está no caminho certo para, quem sabe, um dia só fazer o bem.

14 Persona ou a vida de sósias

Não deve ser fácil a vida de sósia de pessoas famosas. O repórter André Alves do Diário do Comércio ouviu alguns deles, como Nicanor Ribeiro que dez anos atrás ao passar pela estação Liberdade do metrô ouviu alguém suplicar: "Pelé, fala comigo". No começo não deu bola, mas diante da insistência do garoto, virou para trás e disse que não era o mais famoso jogador de futebol do mundo. Mas o episódio serviu para ele entrar em mais um ramo de atividade profissional, o de ser sósia de personalidades da música, cinema, esporte e outros campos de atuação.

Em viagem aos Estados Unidos, por uma empresa em que trabalhava e ao desembarcar no aeroporto de Miami, Nicanor foi cercado por algumas pessoas que tiraram foto e pediram autógrafo. De volta, enquanto se virava como locutor em eventos, uma mulher que era sósia da atriz Woopi Goldberg atestou que ele se parecia, de fato, com o Rei Pelé. E o levou a uma agência que trabalha com sósias e covers.

Em 2004 ele conheceu o ídolo e, a partir do encontro, passou a ser convidado para eventos não mais como locutor, mas como sósia. Foi a feira de negócios e participou de comerciais na TV como dublê do original. Em Bauru, onde Pelé começou a carreira, foi abraçado pelo povo, o que o emocionou bastante. Realiza em média quatro trabalhos ao mês como sósia de Pelé e sonha em escrever sua experiência em livro.

O aposentado da polícia civil Moacyr Rodrigues com vaga semelhança com o cardeal Joseph Ratzinger foi confundido com o Papa Bento 16. Um amigo o levou para uma agência de sósias e ele passou a participar de programas de auditório, revistas e festas de aniversário. Desfilou pelo centro de São Paulo em um conversível cercado de seguranças.

Ao serem abordados, os sósias costumam deixar as pessoas na dúvida. É o que acontece com a sósia da Rita Lee, Izaura Cruz, que desde mocinha ouvia a história de que ela se parecia bastante com a roqueira. Deu uma entrevista ao extinto Notícias Populares e, a partir daí, não mais deixou de aparecer em eventos, jornais, revistas e televisão. No enterro de sua sogra, em Araraquara, as pessoas carregavam o caixão e acenavam para ela, pensando estar vendo a cantora.

As máscaras que os atores do teatro grego usavam - Persona - tinham a função de dar ao ator a aparência que o papel exigia e ampliar sua voz, possibilitando que fosse bem ouvido pelos espectadores. Persona deriva do verbo personar, ou "soar através de". Por extensão, designa um papel social ou um papel interpretado por um ator. Pensando nisso, podemos concluir que a vida de sósia não deve ser fácil, apesar dos ganhos financeiros e a satisfação pessoal de estar próximo aos ídolos que, efetivamente, um dia eles sonham incorporar.

15 O clima e o homem

Pesquisa do Reino Unido, Japão e Estados Unidos comprovou, pela primeira vez, que a ação do homem – como queima de combustíveis fósseis e a emissão de gases de efeito estufa por indústrias e queimadas – é, de fato, a responsável pelo aumento das temperaturas no Ártico e na Antártica.

Esse estudo mostra, através de extensos registros da temperatura na superfície do continente, que essas elevações não são consistentes com as variações climáticas naturais e devem ser atribuídas diretamente à ação humana. Nathan Gillett, da Universidade de East Anglia, no Reino Unido, um dos autores da pesquisa disse: "Pudemos, pela primeira vez, atribuir diretamente o aquecimento tanto do Ártico quanto da Antártica à influência humana".

Os resultados do trabalho mostram que a ação do homem já causou um significativo aquecimento nos polos, as áreas mais sensíveis às mudanças climáticas, com impactos na biodiversidade, no equilíbrio das plataformas de gelo e no nível do mar.

O aquecimento no Ártico já vinha sendo observado há algum tempo, embora nunca formalmente atribuído às atividades humanas. No caso da Antártica, tal atribuição vinha sendo evitada pela falta de maiores dados. Existem cerca de 100 estações de medição de temperatura no Ártico, contra apenas 20 na Antártica. Mudanças na circulação atmosférica causadas pela destruição da camada de ozônio contrabalançaram o aquecimento na Antártica e tornaram a detecção ainda mais difícil. O Ártico sofreu um forte aquecimento nos últimos anos e sua cobertura de gelo recuou em 2007 em relação à menor extensão já registrada. Já na Antártica a tendência é menos clara.

Os cientistas estimam que o derretimento total do gelo na Antártica e da Groelândia poderia fazer o nível global do mar subir cerca de 7 metros. O novo padrão deve incluir mais secas, inundações, ondas de calor e temperaturas.

Novas descobertas desenham, portanto, um quadro sombrio se nada for feito, adverte o pesquisador Andrew Monoghan, do Centro Nacional para Pesquisas Atmosféricas dos Estados Unidos.

Os polos são remotos, mas influenciam o clima de todo o planeta. Mesmo o tropical Brasil é influenciado pelo que acontece com o clima antártico. Da mesma forma que o Brasil pode influenciar a Antártica: cinzas de queimadas da Amazônia já foram detectadas na Península Antártica por cientistas brasileiros.

Pode-se ver, enfim, que não procede aquela velha pergunta dos desavisados de sempre: e eu com isso?

16 Reiventar a mídia

Para adaptar-se às mudanças trazidas pela internet a mídia terá que se aproximar dos leitores e pensar a si mesma cada vez mais como um serviço. É o que observa o pesquisador inglês Charlie Beckett, diretor da Polis, que pensa a mídia na London School of Economics, autor do livro "SuperMedia: saving journalism so it can save the world", algo assim como "SuperMídia: ao salvar o jornalismo você pode salvar o mundo". O jornalismo não vive somente uma crise, mas o problema é de oportunidade, disse a Fernando Duarte, correspondente de O Globo.

Cita o caso dos anunciantes, que estão deixando os veículos tradicionais e não necessariamente surgindo nas versões on-line: "O jornalismo terá que ser cada vez mais um serviço e os profissionais de imprensa precisarão estar mais sintonizados com o que leitores, ouvintes ou telespectadores consideram útil, mas também há demanda por aspectos em que as pessoas ainda não pensaram. Num plano geral o jornalismo terá que se encaixar na vida das pessoas, não o contrário. Não é mais aquela coisa de o telejornal começar às nove da noite e as pessoas terem que esperar, pois agora há oferta de notícias 24 horas por dia. Nesse sentido, cativar a atenção do público será quase tão importante quanto conquistar sua confiança".

Para o pesquisador, as novas tecnologias simplificaram a interação com a audiência e isso deveria ser aproveitado: "Não é uma questão de parar de falar sobre incidentes, mas quem sabe contextualizá-los mais de acordo com os interesses da comunidade afetada, pois essa é a maneira de mostrar a ela que o jornalismo faz parte de suas vidas".

Não adianta pensar apenas em derrubar governos – o público gosta de saber também se a escola do bairro está aberta. Há exemplos de colaborações desse tipo, como no caso de jornais do sul dos Estados Unidos que obtiveram informações de leitores sobre o furacão Katrina. Elas ajudaram na construção de grandes histórias sobre o atraso no repasse das verbas do governo americano.

Haverá necessidade de mudanças de profissionais, gente com boa habilidade para processar informações e se expressar sempre cada vez melhor. Jornalistas terão de ser mais flexíveis, visualizando além do trabalho cotidiano. Refletir se estão apenas fazendo o que o editor mandou ou se pensam que alguém está realmente precisando do tipo de informação que produz. O novo jornalista – como o pessoal das assessorias de comunicação – terá que saber mais sobre seu público.

Por fim ele traçou um paralelo com a indústria automobilística, onde a automação tirou o emprego de muita gente, mas carros continuam sendo fabricados com envolvimento humano, só que essas pessoas estão mais envolvidas com o resto da produção do que somente martelando pedaços de metal.

17 Soluções animais

Pesquisa realizada pelo Parque Nacional da Chapada dos Guimarães, no Mato Grosso, que conheci em uma viagem organizada pela Fiat, revela que houve aumento do número de mortes de animais selvagens por atropelamento. Isso tudo acontece na rodovia Emanuel Pinheiro (MT-251), que atravessa o local. Dados do Instituto Chico Mendes, autarquia responsável pela administração, aponta que de janeiro a julho de 2007 foram registradas mortes de 10 animais silvestres. Este ano, no mesmo período, o número aumentou para 37. Um escândalo, algo estarrecedor e inadmissível.

Técnicos da unidade de conservação do parque registraram que nos últimos 21 meses houve a morte de 74 animais, sendo 26 de espécies diferentes, alguns raros. O maior número deles é do cachorro-do-mato.

Os problemas do Parque Nacional não se restringem à morte dos animais. Há incidência de focos de incêndio, erosão, entrada de infratores com facilidade de acesso a todas as áreas.

O que fazer então? Os técnicos dizem que há a necessidade de aprofundamento dos estudos. Acham ainda que há de se estudar a definição das medidas a serem tomadas, respeitando-se as condições locais. Como também acreditam que têm de se fazer o monitoramento da efetividade das medidas a serem tomadas, para realizar as adaptações que se fazem necessárias.

Aqui é que entra um paralelo com o nosso trabalho em assessoria de comunicação. Nas corporações há sempre de se tomar medidas para evitar incêndios como estes que ocorrem no parque da dimensão da Chapada dos Guimarães. Tudo se exige para ontem. Quando estive por lá vi uma grande área de plantação de soja. Cientistas que ali estiveram contam que a área é um sítio arqueológico valioso, pois em eras remotas houve vida marinha naquela bacia. O vento, o tempo, a roda da História, tudo isso girou e moldou as rochas. Mas é preciso fazer algo porque não se pode admitir que animais continuem morrendo atropelados por bípedes motorizados. Pode-se imaginar o que fazer, mas é preciso também planejar esse ato, dar continuidade, não abandonar a tarefa no meio do caminho. Exatamente como fazemos ao elaborar nosso trabalho de comunicação, agora sim, um ato sustentável, em defesa da biodiversidade. Em uma palavra: para salvar os bichos da Chapada dos Guimarães, nada melhor do que adotar uma solução, digamos, animal.

118 Todo mundo é jornalista

Coube ao colega Jorge Bastos Moreno de O Globo a revelação de que o ministro da Educação, Fernando Haddad, está animado para mexer no vespeiro dos cursos de jornalismo, permitindo o exercício da profissão a quem tenha diploma superior em outra área. É o que acontece com a área em que o economista é responsável, a dos professores do chamado ensino médio, os antigos cursos ginasial e colegial, onde basta ter diploma, qualquer deles, para alguém dar aula. Mas ninguém quer se aventurar nesse ramo, devido aos baixos salários. Uma vergonha nacional.

Trava-se novamente a velha polêmica. Há aqueles que argumentam que os países menos sofisticados do Hemisfério Norte há tempos abandonaram a exigência do diploma para jornalistas. Mas estes países também deixaram a seus povos optar se devem ou não ir às urnas. Por aqui a lei exige que votemos a cada dois anos para escolher nossos representantes em um dos três poderes constituídos (o Legislativo). Se não votarmos, somos punidos com o rigor da lei.

Há também aquelas pessoas que veem no ofício jornalístico as exigências essenciais, como a capacidade de identificar e colher fatos de interesse público e uma mistura de talento e técnica para repassá-los com clareza e precisão à sociedade.

O veterano Luiz Garcia notou que um curso de jornalismo realmente pode ensinar técnicas de redação, o que não é complicado, a seus alunos. Mas se existe a vocação – e principalmente se o jovem traz de casa o hábito da leitura – qualquer jovem pode dominar essa área em estágio de poucos meses numa redação de jornal ou revista. Se não pode, é bem possível que ele tenha escolhido o sonho errado. E quem levar para a redação formação teórica e ou experiência em outras áreas poderá ajudar o leitor a entender esta complicada sociedade e esses atribulados tempos em que vivemos. É aí que quero colocar a minha colher: juro que há décadas estou acostumado a lidar com pessoas brilhantes em diversas áreas do conhecimento. Sei de seus talentos, de suas habilidades e de seus brilhos. De uma coisa também tenho absoluta certeza: ao sentarem diante de um teclado de computador, esse pessoal se embanana todo. Escrever não é seu ofício. Escrever com clareza é com um profissional da área. Daí nosso trabalho como assessores de comunicação, para que não haja complicação. Cada macaco no seu galho.

119 Vem aí o "Repórter Holograma"

Mais uma vez a vida imita a arte. Lembram da série de filmes de George Lucas, "Guerra nas Estrelas", em que o capitão da nave luta com seres que surgem armados no espaço a partir de imagens? A CNN acaba de estrear a participação de jornalistas por holograma na cobertura da eleição americana. A repórter Jéssica Yeelin foi a primeira a utilizar a tecnologia, ao ser materializada de Chicago ao estúdio da emissora em Atlanta, para comentar as festividades programadas na cidade para a vitória democrata.

Para alcançar o efeito desejado, descreveu o Portal Imprensa, foram necessárias 35 câmeras de alta definição para capturar a imagem completa da jornalista e transmiti-la ao palco do estúdio. Na ocasião, o âncora da CNN Election Center, Wolf Blitzer, comemorou o fato ainda sem precedentes na história da televisão.

Eleições nos Estados Unidos, ao contrário do que acontece por aqui onde temos corrida às urnas a cada dois anos, são um bom momento para o teste de novas tecnologias. A emissora norte-americana já havia roubado a cena na cobertura eleitoral com a instauração do Magic Wall, um enorme telão touchscreem sensível ao toque das mãos, que possibilitava maior interação entre os apresentadores e os recursos infográficos usados pela CNN.

Entre parênteses. Para quem ficou por aqui, o que se assistiu foi o envio dos principais apresentadores de telejornais para a cobertura das eleições e como eles não têm prática na reportagem, o resultado foi um festival de asneiras e texto decorado, longe dos telepronters, de envergonhar qualquer estudante de curso fundamental. Um desses apresentadores tupiniquins dizia sorrindo em primeira pessoa, postado em frente à Casa Branca, que a tarde americana estava "rósea", e que as cores no céu testemunhadas pessoalmente por ele (sempre em primeira pessoa) eram "violáceas". Por aqui, nos estúdios, sua partner sorria, extasiada ao constatar tamanha inteligência e talento. Um horror.

Mas, voltando à novidade norte-americana: além de Jéssica Yeelin – e como todo espetáculo precisa de um bom visual e se amparar se possível em um ótimo som – , William, o vocalista da banda Black Eyed Peas, também literalmente "ilustrou" os estúdios da emissora, com comentários sobre a vinculação do cantor à campanha de Barak Obama. Tudo com muito som e imagens holográficas oferecidas para o querido telespectador norte-americano. Ingressamos assim com imagens, ao vivo e em cores, no futuro.

O OFÍCIO DE JORNALISTA EXIGE A CAPACIDADE DE IDENTIFICAR E COLHER FATOS DE INTERESSE PÚBLICO E TAMBÉM UMA MISTURA DE TALENTO E TÉCNICA.

120 Pagamentos de outrora

O ministro de Desenvolvimento, Indústria e Comércio Exterior Miguel Jorge, um jornalista que participou da montagem da primeira redação do Jornal da Tarde, do grupo Estado, nos idos dos anos 1966, lembrou de João, um senhor distinto, com gravata borboleta, que entregava os salários de mesa em mesa, em dinheiro. O apresentador da TV Bandeirantes Boris Casoy, também jornalista que iniciou sua carreira como locutor em rádio no bairro Santo Amaro e trabalhou na rádio Eldorado, lembrou também em entrevista que os pagamentos eram colocados em cima de uma mesa ao lado do cartão de ponto e ninguém mexia nos envelopes, a não ser o próprio beneficiado.

Vou também dar meu depoimento a respeito de pagamento em redação, onde é comum a gente deixar carteira, bolsa, objetos pessoais sem que ninguém mexa, é regra, é lei. Anos 1980, fui contratado para editar duas páginas em jornal na região da Grande São Paulo. O pagamento era feito com dinheiro vivo. Pegava aquele bolo e não tinha como depositar em banco porque não havia ainda agências bancárias funcionando em horários alternados como acontece hoje em redações grandes. O jeito era ficar com aquele dinheiro que, desconfiava, era resultado de venda dos jornais, o que foi confirmado em absoluto off pela moça responsável pelo departamento financeiro da empresa. Eles recolhiam o dinheiro da venda dos jornais e, com isso, faziam os pagamentos.

Deixava a redação altas horas da noite, era um dos últimos editores a fechar as minhas duas páginas, pois muitas vezes a manchete do jornal era minha. Tinha de sair da redação e atravessar 500 metros em linha reta e congestionada de gente para chegar à estação de trem. Pegava o último trem. Imagine o medo de andar com o salário em dinheiro trocado, resultado da venda de exemplares em bancas. Pedi para um contínuo de redação para me arrumar um saquinho de papel, desses que embrulhavam pão, para não chamar a atenção. Amassava o saco de papel e colocava o pagamento ali, enfiava debaixo do braço no meio de revistas e atravessava a longa rua para pegar o último trem. Comigo ia um tempo distante que certamente não volta nunca mais.

21 Identificação ou mistério

Assessora da maior livraria do país estava em emissora de rádio acompanhando o entrevistado. Estava visivelmente deslumbrada e não era com o equipamento novo recém adquirido. Ela, na verdade, tinha curiosidade de conhecer algumas pessoas com as quais falava por telefone, por internet, mas que não conhecia pessoalmente. Tentei apresentá-la a alguns colegas que faziam a produção da rádio, ela deu um pulo: "Não, por favor, eu tenho vergonha". A tentativa acabou ali.

Outra colega de jornal diário estava com pacotes imensos, presentes de fim de ano. Nada de suborno, cooptação ou qualquer desses pecados venais que poderia acontecer no meio. Os manuais dos diários costumam ditar regras nesse sentido, alguns determinam que seus repórteres recusem peremptoriamente qualquer presente e, se recebidos, que os devolvam. Perguntei a esta repórter se ela conhecia as pessoas que lhe mandavam presentes, ela disse que pessoalmente não: "Na correria do dia a dia a gente não pode conhecer todo mundo. Tive curiosidade, sim, de conhecer algumas fontes, mas fui atropelada pelas dezenas de pautas que tenho de cumprir todos os dias, não dá tempo".

Repórteres ou assessores que se comunicam unicamente por mensagens eletrônicas com seus interlocutores têm sido uma característica de nossos dias. Não se fazem mais editores como antigamente, como um que tive em redação de jornal que recomendava à equipe vez ou outra: "Vá pessoalmente conversar com suas fontes, sinta a presença dela, almoce, tome café, jogue conversa fora, decifre sua semblante, olhe nos olhos, sinta até o seu hálito, porque daí poderá surgir uma grande reportagem".

22 O estranho mundo de Zé do Caixão

Alunos da Faculdade de Direito da USP, onde estudou Castro Alves, comemoravam mais uma de suas formaturas. De repente, no meio dos jovens, um senhor desfilava anonimamente, vestido como todos os demais, paletó e gravata. Foi reconhecido por um jovem estudante que inicialmente pensou estar tendo alucinações: "Nem bebi e estou vendo à minha frente este ícone do terror tupiniquim", disse a um colega. "É, é o próprio Zé do Caixão, mas o que será que ele estará fazendo aqui no meio de tantos jovens formandos?". O que houve na verdade foi que José Mojica Marins estava participando da formatura de um de seus filhos. Uma filha, aliás, segue seus passos no estranho mundo de lobisomens, mulas sem cabeça, saci-pererê e vampiros.

Muitos anos atrás trabalhamos juntos no mesmo jornal editado no Rio de Janeiro. Eu era o responsável pela sucursal paulista e o cineasta escrevia crônicas, reminiscências de sua infância onde contava, por exemplo, que tinha uma empregada com quem iniciara a vida sexual. Acontece que era época da ditadura militar e como o jornal não passava pelo crivo da censura federal, nossa preocupação também era a de não juntarmos processos judiciais a todo instante. O editor pediu que eu transmitisse a ele a notícia de que não mais publicaríamos suas confissões cheias de fantasias, mas para isso eu teria de inventar uma desculpa qualquer. Foi o que tentei.

Encontrei o cineasta em um bar e, enquanto tomávamos cafezinho, duas prostitutas passaram a se agredir verbalmente. Daí partiram para a agressão física. Uma pegava o cabelo da outra, xingavam as respectivas mães, chutavam, se agarravam, rolavam no chão até que a turma do deixa-disso veio e separou as pugilistas. Zé do Caixão que sorvia os últimos goles do cafezinho teorizou: "Ah, eu pensei em estender a mão e falar para elas: cuspa aqui, cuspa forte. Aí eu ia tirar a mão e dar risada ao ver que elas estavam cuspindo uma na cara da outra". Mentira. Ele assistiu a tudo passivamente, sem dizer um ai. "Você é um teórico", disse a ele.

Mas aí eu também senti que deveria partir para o mundo da ficção: inventei que os militares haviam mandado recado dizendo se sentir incomodados com as crônicas que ele estava publicando e que se não tirássemos seu nome do jornal corríamos o risco de vê-lo fechado. Pensou um pouco e de repente, berrou: "Eu sabia! Eu sabia!". Sabia o que exatamente? Sua resposta: "Eu sabia que a ditadura tinha medo de mim". E ficou feliz ao saber que estava sendo censurado, perseguido pela ditadura militar.

Dia desses vi uma entrevista a respeito dos 40 anos de sua carreira e do sucesso que fizeram seus filmes. O repórter perguntou do que ele estava vivendo, uma vez que não filmava há exatas 4 décadas. Ele agradeceu à direção do Playcenter, que o empregou por esse tempo em um evento de todas as sextas-feiras , as "noites do terror". Muito sábio e ardiloso este grande artista.

23 Sinal de alerta

Ao atravessar uma das ruas bem movimentadas de São Paulo, ele falou alto, como é o seu costume, ao terminar um raciocínio: "Precisamos ter classe". Uma mulher ouviu e parou para fazer o seguinte comentário: "Classe, uma palavra que não ouço há muito tempo". Glauco Cugler de Carvalho é assim mesmo, capaz de surpreender seu interlocutor e quem estiver por perto a todo instante. Detalhista ao extremo, tem em sua mesa um grampeador – só com um detalhe, não é um desses objetos pequenos, pois ele junta num mesmo caderno e fura centenas de folhas.

Na juventude pediu autorização para o pai, juntou-se a um tio e foi para o Amazonas e Acre medir terras. O tio era agrimensor. Concluiu a escola técnica agrícola em Adamantina, interior de São Paulo, onde teve topografia como matéria. Foi ao norte do país medir terras, viver entre índios e conheceu alguns garimpos, onde tudo se vê e de todos se desconfia. Mais tarde teve uma missão importante em área governamental, reconhecer oficialmente o primeiro grupo de remanescentes de escravos, os quilombolas.

Passamos por uma loja de produtos de caça e pesca onde imensos peixes convivem e fazem uma espécie de buraco no banco de areia. Isso não passou despercebido aos olhos do atento observador: "Os pacus cavam o fundo do rio", ensinou.

Formado em comércio exterior, vez ou outra ele presta consultoria na área. E vive de expediente em área pública quando não está em campanha política, sua especialização. Conhece cada integrante de todos os partidos políticos, sabe o que eles fazem, do que são capazes, até onde podem e querem chegar. Sabe que os ocupantes de cargo público têm compromisso com o bem-estar da população, caso contrário, crê que para nada serve o mandato.

Detalhista ao máximo às vezes confesso que fico irritado com ele e suas exigências. Mas, reconheço de uma certa forma que este grande homem, literalmente atinge os 2 metros de altura, é uma espécie de sinal de que todos devemos estar sempre alerta porque se não atentarmos para a realidade, seremos tragados por ela sem a menor percepção.

Autor

Rivaldo Chinem

O autor é consultor de comunicação e tem prestado serviços para multinacionais, embaixada, entidades públicas e privadas, sindicatos, associações e entidades de classe.

Colunista do Portal Megabrasil, onde semanalmente apresenta um ponto de vista diferente a respeito do dia a dia das assessorias de comunicação.

O autor dá cursos e palestras em entidades voltadas à comunicação e também dá aulas nas áreas de pós-graduação das Faculdades Metodista de Piracicaba, PUC-Cogeae em São Paulo e na Universidade da Associação Brasileira de Comunicação Empresarial-Aberje.

Foi repórter da Folha de S. Paulo, revista Veja, O Estado de S. Paulo; dirigiu o jornalismo da TV Gazeta e da Rádio Tupi. E apresentou com Paulo Nassar um programa líder de audiência no horário, "Imprensa e Comunicação em debate" na rádio Bandeirantes.

Rivaldo Chinem tem os seguintes livros publicados: Terror Policial com Tim Lopes (Global), Sentença (Paz e Terra), Imprensa Alternativa (Ática), Jornalismo de Guerrilha (Disal), Marketing e Divulgação da Pequena Empresa (Senac), Assessoria de Imprensa – como fazer (Summus), Comunicação Empresarial – a teoria e o dia a dia das Assessorias de Comunicação (Horizonte) e Introdução à Comunicação Empresarial (Saraiva).

Impressão e acabamento:
GRÁFICA OCEANO